运动生物化学与分子生物学实验指导

左　群　王一兵　主编

科学出版社

北　京

内 容 简 介

运动生物化学与分子生物学实验是一门实用性很强的课程，是在生物化学和分子生物学实验基础上结合运动实践发展起来的。本教材共分八章，涉及基本理论（实验室基本规则与要求、生物化学实验室常用仪器及使用）、基本技术以及基础实验（共计24个实验），以培养学生实验操作技能和发现问题、分析问题、解决问题的能力。同时结合分子生物学实验技术的发展，介绍组学技术在运动实践中的应用，以拓宽学生视野，了解前沿动态。

本教材可供高等体育院校运动人体科学、运动康复、康复治疗、运动与公共健康等专业的学生使用，同时可作为相关专业研究生的参考教材。

图书在版编目（CIP）数据

运动生物化学与分子生物学实验指导 / 左群，王一兵主编. -- 北京 : 科学出版社，2025. 6. -- ISBN 978-7-03-082438-7

Ⅰ. G804.7-33; Q7-33

中国国家版本馆 CIP 数据核字第 2025T4Q161 号

责任编辑：张佳仪 / 责任校对：谭宏宇
责任印制：黄晓鸣 / 封面设计：殷 靓

科 学 出 版 社 出版
北京东黄城根北街16号
邮政编码：100717
http：//www.sciencep.com

南京展望文化发展有限公司排版
广东虎彩云印刷有限公司印刷
科学出版社发行　各地新华书店经销

*

2025年6月第 一 版　开本：B5（720×1000）
2025年6月第一次印刷　印张：10 1/4
字数：172 000

定价：60.00 元

（如有印装质量问题，我社负责调换）

《运动生物化学与分子生物学实验指导》

编 委 会

主 编

左 群 王一兵

编 委

（按照姓氏笔画）

田向阳 史仍飞 刘龙华 肖卫华

前言

PREFACE

为贯彻“健康中国2030”的建设目标，促进体医融合与体卫融合，需要培养一大批具有运动人体科学、运动康复、运动与公共健康等专业知识，懂运动，同时具有实践操作技能的专门人才。党的二十大报告明确指出，教育、科技、人才是全面建设社会主义现代化国家的基础性、战略性支撑。要坚持教育优先发展，坚持为党育人、为国育才，全面提高人才自主培养质量。运动生物化学与分子生物学实验通过科学的实验设计和规范的操作流程，将运动生物化学和分子生物学理论与运动实践相结合，服务于运动人体科学、运动康复、康复治疗和运动与公共健康等专业人才的培养。

从课程的性质来看，运动生物化学与分子生物学实验既是对运动生物化学和分子生物学理论的验证，又是对运动生物化学和分子生物学理论知识从实践角度进行再认识，是一门应用性很强的课程。从课程目标来看，既要培养学生实验操作技能，更要着重培养学生发现问题、分析问题、解决问题以及实践创新的能力。为了实现上述目标，本教材在内容编排上采取逐级递进、层次分明的结构，在实验内容的安排上，对验证性实验的学习侧重于掌握一项实验技术。综合应用性实验强调多项实验技术和知识点的整合运用，研究设计性实验着重培养学生的科研能力。

运动生物化学实验是一门交叉学科，是在生物化学实验基础上结合运动实践发展起来的。随着生物化学和分子生物学实验技术的日新月异以及整合生物学的发展，运动生物化学和分子生物学实验技术也得到了长足的进步。因此，本教材纳入了分子生物学常用实验技术以及组学技术在运动实践中的应用，以拓宽学生视野、丰富教学内容。

作为一门实验课程,实验室安全必须放在首位。加强实验室的安全教育是实验课程的第一要素,是必不可少的重要环节。因此,本教材着重加强实验室规章制度和实验室安全的介绍,要求学生规范操作、熟悉实验步骤,防止实验事故的发生。

本教材适用于全国高等体育院校运动人体科学、运动康复、康复治疗、运动与公共健康等专业的学生使用,同时可作为相关专业研究生的参考教材。若书中存在缺点和不足,还望读者批评指正。

编　者

2025 年 1 月

目录

CONTENTS

第一章

实验室基本规则与要求

【本章提要】

实验室是开展实验的场所，包括企业实验室、科研院所实验室、高校实验室等。实验室的主要功能包括实验教学、科学研究、技术开发、校准、检验和检测等。良好的实验室运行状态是衡量一个单位综合实力和管理水平的重要标志，高校实验室的综合实力也是衡量其办学能力的重要指标。

实验室安全工作事关广大师生的人身和财产安全，所以实验室发展应该建立在严格的安全管理制度与人文关怀的基础之上。近些年，高校实验室安全事故频发，教育部和相关部门也相继出台并颁布多项政策和法规，开展常规性实验室检查，有效地提升了高校实验室安全管理水平。

实验课是获取知识的良好途径，通过准备实验、操作实验、分析实验等过程可以让理论知识更生动，更易于理解和记忆，同时能够培养学生的科学思维，提升其分析、判断、解决问题的能力。

【学习目标】

了解实验室常见危险源，树立珍爱生命的意识。掌握实验报告的撰写方法，培养科学严谨的实验精神。

第一节　实验室基本规则

一、实验室定义

实验室是开展实验的场所，按照学科可分为物理实验室、化学实验室、生物实验室及其分支或交叉形成的多种实验室。高校中的实验室按照其功能又可分为教学实验室和科研实验室。教学实验室以验证性实验为主，科研实验室以探究性实验为主。实验室建设须符合国家和地方规范，例如实验室外部的环境，包括气候、噪声、灰尘、振动、居民区等，实验室内部的门窗、地面、墙面、湿度、温度、试验台等。科学的实验室设计需统筹多种复杂条件，而这些条件往往要兼顾以下几点：设备和人员的安全、实验过程的质量控制、实验室对环境的污染和对外界影响，以及实验室的实用性、人性化与便利性等。

二、实验室规章制度

实验室应该建立合理、完备的实验室管理体系，主要包括制定和实施有效的管理制度，目的是使实验室的使用过程科学有序，并保证实验室安全。实验室规章制度应该依据国家、地方、行业协会等发布的制度和技术规范切实制定，同时要不断更新。常见的规章制度包括安全管理制度、常规管理制度以及应急处置制度等（图 1－1），又可细分为培训考试准入制度、生物安全管理制度等。进入

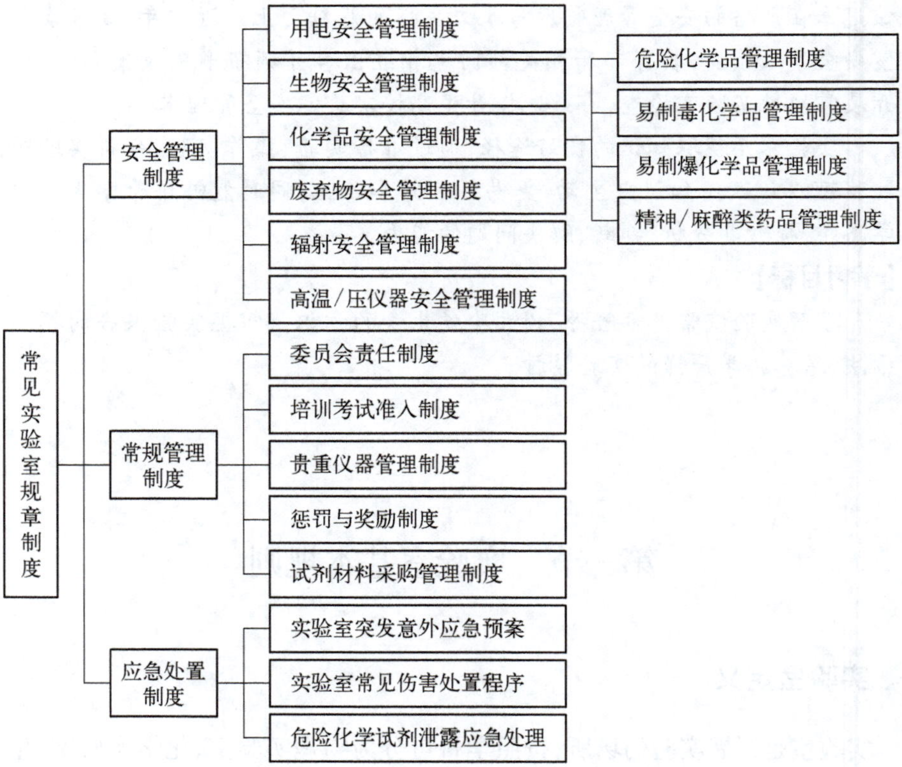

图 1－1　常见实验室规章制度

实验室前应该主动领取实验室使用手册或说明，以便快速开展实验室工作。

三、实验室行为规则

实验是一个科学和严谨的过程，必须按照程序或计划操作。在实验室中所有的实验过程都应该遵循以下规则。

1. 实验前的准备　树立实验室安全意识，参加实验室组织的培训或考试，通过考核方可独立开展实验。实验前要明确开展实验的目的、原理和实验步骤，学会实验仪器的使用方法，通读化学品安全技术说明书（material safety data sheet, MSDS）掌握要用到的所有化学试剂的危险性知识，了解实验过程中所有可能发生的危险。

2. 实验中的规范　实验过程中要严格防护。常见防护用品包括实验服、手套、口罩、防护帽、护目镜、防护靴等（图 1-2），根据实验的特点和危险性级别选择不同程度的防护装备。严格防护的主要目的是减少安全事故的发生，例如，某高校女生操作高速旋转仪器时，因未戴头套导致头发卷入机器，造成自身受伤和仪器损坏；又如，未佩戴护目镜因化学试剂飞溅伤害眼睛等。

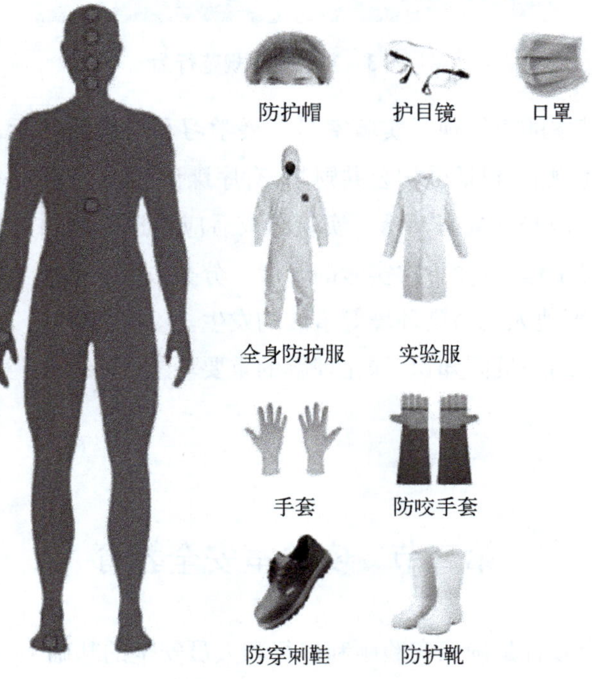

图 1-2　实验室常见防护用品

(1) 正确操作仪器和使用试剂。实验操作不规范是造成实验室安全事故的主要原因。例如,某同学将水倒入浓硫酸中(正确做法为将少量浓硫酸缓缓倒入水中,并不断搅拌),导致硫酸飞溅,造成严重伤害;某同学使用酒精灯加热试剂时离开现场,导致试剂烧干引发火灾。

(2) 保持严谨和严肃的实验态度。严禁用实验仪器和化学试剂做与实验不相关的事情。例如,有同学用实验室的高压灭菌器蒸饭、用烧杯泡面并将吸量管用作筷子(图 1-3);将实验用的小白鼠带回宿舍饲养。

图 1-3　实验室不规范行为

(3) 应有基本的道德观。实验室是开展学习和科研的场所,所有人员应自觉遵守道德行为规范,包括爱护公共财物、有序谦让、爱护卫生等。

3. *实验后的现场处置与总结*　实验结束后应该进行器材仪器归位、实验台清洁等现场处置工作,方便下次实验的开展。分类丢弃实验废弃物,防止出现利器、有毒试剂伤害他人或污染环境等事故的发生。

实验后的总结是巩固知识、深化理解的重要环节,该部分以实验报告的形式呈现。

第二节　实验室安全教育

实验室安全教育是确保实验顺利进行和人员安全的基础。

一、火灾事故及处理

火灾事故是实验室中最常见且危害最大的安全事故之一。实验室应该严格管理火柴、打火机等火源，严格按要求使用易燃易爆化学品。对于电路起火，实验室应该定期检查电器设备及电路的安全性，同时定期组织专业人员检修。消防管理部门应定期补充消防器材，实验人员应学会使用常见消防设施（图1-4）。

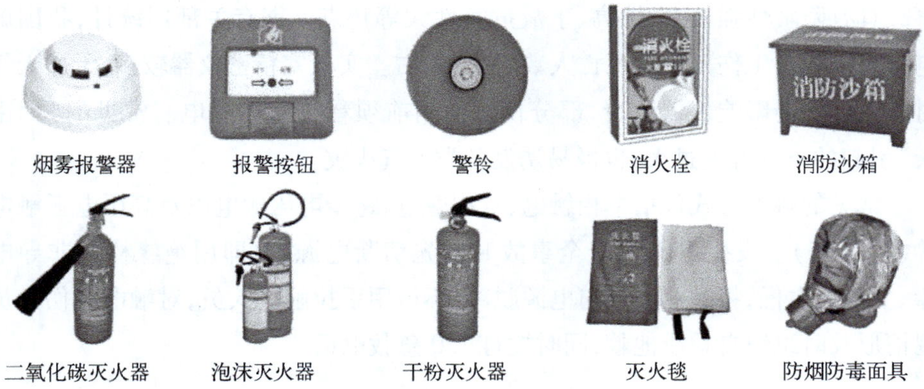

图1-4　常见消防设施

小范围火灾可有效扑救，大范围火灾应迅速逃生，同时第一时间拨打119、120、110等急救电话。扑救火灾时应采用不同的方式，例如，容器中的易燃物着火用玻璃纤维布灭火毯盖灭；汽油、甲苯等有机溶剂着火时不能用水，只能用灭火毯和砂土盖灭；个人衣服着火时，切勿慌张奔跑，以免风助火势，应迅速脱掉衣服，浇水灭火，火势过大时可就地翻滚压灭火焰。

预防实验室火灾“十不准”

不准吸烟	不准违章私拉乱接电线
不准违章使用电器	不准乱放杂物
不准违反操作规程	不准堵塞安全通道
不准实验室人员脱岗	不准将消防器材挪作他用
不准做饭、住宿	不准违规存放易燃药品、物品

预防实验室火灾“四懂四会”

懂本岗位火灾危害性	会报警

懂预防措施　　　　会使用灭火器材
懂扑救方法　　　　会处理险肇事故
懂逃生方法　　　　会逃生

二、电气事故及处理

电气事故是指由于电气设备故障直接或间接造成设备损坏、环境破坏、人员伤亡等后果的事件。电气事故包括电火灾、触电、静电危害、雷电危害等。电气事故具有隐蔽性强、突发性高、事故危害性大等特点。据有关部门统计，我国触电死亡人数占工伤事故总死亡人数的5%左右。实验室精密仪器较多，干燥天气时静电可能会影响仪器运行，部分仪器使用前须释放身体静电。常见的“回南天”引起的空气湿度过大，也极易诱发各类电气火灾。

常见的触电方式包括单相触电、双相触电、跨步电压触电以及高压电弧触电等(图1－5)。发生电气等安全事故时应先切断电源，立即用绝缘棒或非导电棒、干燥的木棍，将触电人员与电源脱离，不得用手拉触电人员，对触电受伤人员视情形及时组织自救或他救，同时拨打120急救电话。

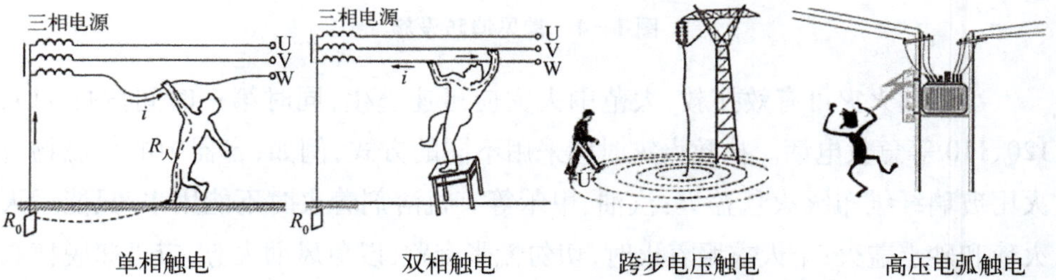

单相触电　　双相触电　　跨步电压触电　　高压电弧触电

图1－5　常见人体触电方式

三、化学品安全事故及处理

化学品是指各种元素组成的纯净物和混合物，包括天然化学品和人造化学品。化学品中的危险化学品是指具有毒害、腐蚀、爆炸、燃烧、助燃等性质，对人体、设施、环境具有危害的剧毒化学品和其他化学品。使用化学品前应该学习化学品安全技术说明书，了解其操作、储存和处理的安全操作。

化学试剂(简称试剂)是一类具有各种纯度标准，用于教学、科学研究、分析测试，并可作为某些新兴工业所需的纯和特纯的功能材料和原料的精细化学品。

化学试剂的使用必须规范，缺乏安全措施和个人防护易造成严重伤害。例如，因乙醇引发的烧伤；因误食工业乙醇导致失明；因摄入过多含重金属汞的食物导致水俣病，以及被硫酸等腐蚀皮肤等。

使用化学试剂首先应学会识别危险化学品标志（图 1－6），在此基础上严格防护，同时要严格遵守实验室规则。其次，学会处理意外事故，所有事故在处理的同时应上报实验室管理者和老师。

图 1－6　常见危险化学品标志

常见化学事故处理方法见表 1－1。

表 1－1　常见化学事故处理方法

常见化学事故	处理方法
洒在桌面上的乙醇或二甲苯燃烧	立即用湿抹布、灭火毯或沙子扑灭。由于乙醇溶于水，因此可用大量水稀释灭火
浓酸泼洒到实验台上	加 NaOH 溶液→水冲洗→抹布擦干
浓碱泼洒到实验台上	加稀醋酸→水冲洗→抹布擦干
浓酸沾到皮肤或衣物上	立即用较多的水冲洗（皮肤上不慎沾上浓硫酸，应立即用布拭去，再用大量的水冲洗），再涂上 3%～5%的 NaOH 溶液
浓碱沾到皮肤或衣物上	用较多的水冲洗，再涂上硼酸溶液
眼睛里溅入酸或碱溶液	立即用水（洗眼器）冲洗，切不可用手揉眼睛，洗的时候要眨眼睛，必要时前往医院治疗
误食酸碱	不要催吐，可先立即大量饮水。误食碱者再喝些牛奶；误食酸者，饮水后再服 $Mg(OH)_2$ 乳剂，最后喝些牛奶
吸入毒气	立即将伤者转移室外，解开衣领，对休克者施以人工呼吸（不要用口对口法）

四、生物安全事故及处理

《中华人民共和国生物安全法》第一章第二条规定,生物安全是指国家有效防范和应对危险生物因子及相关因素威胁,生物技术能够稳定健康发展,人民生命健康和生态系统相对处于没有危险和不受威胁的状态,生物领域具备维护国家安全和持续发展的能力。生物安全实验室是开展病毒等微生物研究的场所,一旦发生高危害性病毒泄漏事故,极有可能给人类、动物、植物乃至整个自然界带来不可预计的危害和影响。实验人员应掌握规范的操作方法,秉持生命至上的原则,将开展实验与人类可持续发展联系起来。

生物安全实验室分为4个等级,1级最低,4级最高。如果要从事高致病性细菌和病毒研究,要在4级生物安全实验室内进行,如对传染性强、难治愈、高死亡率的埃博拉病毒的研究。每个实验人员都应严格按照生物安全操作规程进行病原微生物操作。工作中的疏忽或错误可能会造成严重后果,对本人、实验室其他工作人员以及实验室环境造成威胁。因此,首先应该避免意外发生,严格执行群体防疫和个人防护措施;其次,妥善、果断地处理这些意外差错和事故,对于保证实验室安全至关重要。

实验动物是在实验中经常使用的工具。实验用动物应该来自有合法销售资质的公司,且必须持有动物检疫合格证。特殊建模的动物(如糖尿病动物、基因敲除动物)应该有鉴定证书。进入实验动物饲养区必须全方位防护,防止人和动物交叉感染及实验动物逃逸危害环境。动物实验过程有严格的操作规程,既能够控制实验变量保证实验结果,也是保护实验人员安全的前提。

五、仪器设备安全事故及处理

实验室仪器设备较多,包括高温高压类设备、激光类设备、高转速类设备、超低温类设备等(图1-7),存在的安全隐患种类也较多。使用前需掌握仪器设备的工作基本原理和使用方法,方便开展实验。例如,高压灭菌器、烘箱、马弗炉等加热设备在使用过程中,如果压力或温度没有降至安全线以下,实验人员强行打开设备易被热蒸汽烫伤甚至造成爆炸;肉眼观察激光可能灼伤眼睛;徒手接触液氮极易造成不可恢复性冻伤等。因此,按照仪器设备的正确使用方法操作是保证安全的前提。

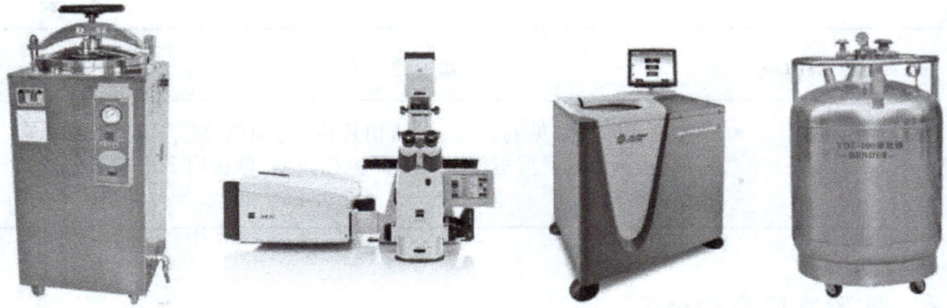

高压灭菌器　激光共聚焦显微镜　高速离心机　液氮罐

图 1－7　生物实验室常用设备

另外，在保证人身安全的前提下也要保证仪器和环境的安全，例如，易燃气体或液体泄漏，若无人及时处理极易造成更大的事故；又例如，高压钢瓶倾倒，气体喷射的力量可以击穿混凝土墙壁。高精密设备价值昂贵，损坏后维修费用高昂。

六、其他安全事故及处理

实验室其他安全事故还包括物品安全、信息安全、水安全等，如实验室贵重设备、危险试剂、个人物品的丢失；实验室水淹；实验数据被盗、实验室网站被攻击等。针对实验室安全事故，首先应保证人员安全和国家利益，在此前提下清醒判断，迅速行动。

其他安全事故的处理方法见表 1－2。

表 1－2　其他安全事故的处理方法

其他安全事故	处　理　方　法
眼睛进入异物	• 眼内溅入任何化学药品，应立即用大量水冲洗 15 min，不可用稀酸或稀碱冲洗 • 若有玻璃碎片进入眼内，不可自取，不可转动眼球，可任其流泪；若碎片不出，则用纱布轻轻包住眼睛急送医院处理 • 若有木屑、尘粒等异物进入，可由他人翻开眼睑，用消毒棉签轻轻取出或任其流泪，待异物排出后再滴入数滴鱼肝油
烫伤	• 烫伤后应立即用大量水冲洗和浸泡降温，若起水泡不可挑破，包上纱布后就医 • 轻度烫伤可涂抹鱼肝油和烫伤膏等

续　表

其他安全事故	处　理　方　法
割伤	• 割伤是实验室常见的伤害,包括切片机、切割机、玻璃器皿碎裂常伴随割伤,若发生严重割伤时要立即包扎止血,就医时务必检查伤部神经是否被切断

七、实验室废弃物处理

实验过程中用到各种化学试剂、耗材、仪器等都会产生废弃物,这些废弃物包括一般废弃物和危险废弃物,一般废弃物可按生活垃圾要求处置丢弃,危险废弃物可能会污染环境、造成人员伤害等,则应按照相应的办法规范处理(表1-3)。例如,医疗废弃物、实验室有机废液、有毒试剂等。

表1-3　分类实验室废弃物预处理和处理方法

实验室废弃物类型	预处理方法	处　理　方　法
一般废弃物	垃圾分类	放入垃圾箱
弱酸	稀释,中和	下水道排放,固化处理
弱碱	稀释,中和	下水道排放,固化处理
浓酸	稀释,中和	下水道排放,实验室包装,固化处理
浓碱	稀释,中和	下水道排放,实验室包装,固化处理
易燃的非卤化有机溶剂	—	焚烧,实验室包装,固化处理
易燃的卤化有机溶剂	—	焚烧,实验室包装,固化处理
难燃的非卤化有机溶剂	—	焚烧,实验室包装,固化处理
难燃的卤化有机溶剂	—	焚烧,实验室包装,固化处理
有机酸	中和	下水道排放,焚烧,实验室包装
有机碱	中和	下水道排放,焚烧,实验室包装
无机氧化物	稀释,还原	下水道排放,实验室包装
有机氧化物	稀释,还原	下水道排放,实验室包装
有毒金属	稀释,还原	下水道排放,实验室包装,固化处理
有毒有机物	稀释,还原	下水道排放,实验室包装,固化处理
还原剂溶液	稀释,还原	下水道排放,实验室包装,固化处理
助燃物	—	消防队或公安局处置
含氰化物、硫化物或氨的废弃物	稀释,还原	下水道排放或实验室包装

续　表

实验室废弃物类型	预处理方法	处理方法
爆炸物	—	消防队或公安局处置
放射物	—	特殊废弃物处理
传染物	灭菌,消毒	焚烧,实验室包装
多氯联苯	碱分解法	焚烧

第三节　实验记录和实验报告的要求

实验是理论指导下的科学实践,目的在于经过实践,更好地掌握科学知识和基本方法技能,培养学生的科学思维和解决实际问题的能力,也是培养探求真知、尊重科学事实和真理的学风,以及培养科学态度的重要环节。为此,要求学生在实验前必须预习,理解实验基本原理和实验基本操作步骤、注意事项,列出所需试剂和仪器,实验中组织安排好时间,严肃认真地执行操作,细致观察实验现象,如实做好记录、书写实验报告等。

实验记录须如实记录实验条件、方法、过程、结果等,应尽可能详细,便于日后查阅和总结。实验报告是对实验的总结,侧重整个实验的完整性和回顾学习,需要对实验结果进行必要的分析和说明,并结合实验内容提出个人的收获和建议。

一、实验记录

完整的实验记录包括以下内容:

(1) 实验名称:本实验的全名。

(2) 实验条件:开展本实验的前提条件,如实验操作的环境情况、温度、湿度等都要如实填写。

(3) 实验日期:写明实验日期、时间,并标明次数或批次。

(4) 实验目的:实验想解决的问题。

(5) 实验方法:包括试剂的用量、浓度、温度、时间节点等都要提前计划好。

(6) 实验材料:要尽可能熟悉所有实验材料属性。

（7）实验过程：包括准备过程、反应过程、结束过程等，尽可能详细记录。

（8）实验结果：实验结果的定量和定性记录。

（9）实验讨论：对实验结果是否符合预期进行讨论及实验中的不足与反思。

（10）操作者签名。

二、实验报告

实验报告是实验后的再总结。通过汇报本人的实验过程与结果，分析总结经验和问题，加深对有关理论和技术的理解与掌握，同时也是学习撰写研究论文的基础。

实验报告的参考格式如下：

实验一　××××××××××

日期：

实验名称	
实验目的及要求	
实验原理	
试剂和主要仪器	
实验准备（试剂配制、仪器学习、安全常识学习等）	
实验步骤	
实验结果	
分析与讨论	
结论	
教师评语	

书写实验报告的注意事项：

（1）撰写实验报告是学习知识和培养实践能力的过程，必须独立完成，严禁抄袭。

（2）实验报告要用实验报告专用纸书写，以便教师批阅。

（3）书写实验报告时，实验目的及要求、实验原理、实验步骤等应简明扼要，但关键步骤不可省略。

（4）实验结果要直观，信息丰富，可采用表格、图片等形式表述，同时进行文字说明。

（5）分析与讨论部分要求学生利用所学知识，结合实验结果展开逻辑推论。无论结果是否符合预期，都应该从实验材料、实验过程、实验方法等方面进行客观分析。

（6）最后对实验做简短且中肯的结论。

思考题

（1）简述对实验室制度管理的理解。

（2）举例说明3项具体化学试剂的不规范使用及危害。

（3）当实验结果与预期不一致时，可能的影响因素有哪些？如何撰写实验报告？

（田向阳）

第二章

生物化学实验室常用仪器及使用

【本章提要】

实验仪器和设备是开展实验的工具。了解实验室常用仪器和设备、掌握其使用方法是每一个实验人员开展实验的前提条件。本章主要介绍生物化学实验室常见仪器和设备，包括玻璃器皿、离心机、移液器、灭菌器、天平等；同时介绍使用的注意事项，以确保实验仪器和设备的正确安全使用。

【学习目标】

了解实验室常用仪器和设备。掌握生物化学实验常用仪器设备的使用方法及注意事项。

第一节　玻璃器皿的使用

生物实验室常用的玻璃器皿包括容量瓶、锥形瓶、量筒、烧杯和试剂瓶等，其用途是量取、储存试剂，或者作为物质混合、化学反应的容器使用。玻璃器皿易碎，使用时需小心操作。

一、容量瓶

【基本信息】

容量瓶(volumetric flask)是一种细颈梨形平底的容器。其用途是准确配制并储存特定浓度的溶液。容量瓶的规格一般有 5 mL、25 mL、50 mL、100 mL、250 mL、500 mL、1 000 mL、2 000 mL 等，瓶口配有磨口玻璃塞。容量瓶主要应用于直接法精确配制溶液或定量稀释溶液等。

【操作方法】

（1）使用量程适合的天平准确称量固体样品，小心置于烧杯或烧瓶中，加入溶剂至总体积接近最终容积约 3/4 处，使用磁力搅拌器搅拌至完全溶解。

（2）一手将玻璃棒伸入容量瓶，直至抵住瓶颈内侧。另一手将烧杯嘴紧挨着玻璃棒，并小心倾斜烧杯，缓慢匀速地将溶液全部沿玻璃棒引入容量瓶中。

（3）使用蒸馏水润洗玻璃棒和烧杯内壁，将洗涤液汇入烧杯中。再次转移洗涤液至容量瓶，反复操作 2~3 次。

（4）水平轻晃混匀容量瓶，将其平放于桌上。使用滴管或洗瓶加水至接近标线下方 1~2 cm 处，等待片刻使附着于容量瓶颈内壁的液体流下汇入溶液。

（5）眼睛平视标线处，用滴管小心加水至溶液凹液面下缘最低点与标线相切。小心盖紧玻璃瓶塞防止其漏液，用手按住玻璃塞，反复倒立容量瓶多次并观察溶液，直至溶液完全混合均匀呈澄清状，将容量瓶放置于避光阴凉处。

【注意事项】

（1）容量瓶通常由无色透明玻璃制成，实验人员如需配制含有光敏物质的溶液时，应使用棕色容量瓶，以减少溶质的光分解反应，该溶液配制后需要避光保存。

（2）由于液体的体积会随着温度的变化有细微的涨缩，容量瓶刻有规定的容积和精确容积对应的温度，通常是 20~25 ℃。其含义是指在该温度下配制溶液时，容量瓶的规定容积与标线刻度处所示体积为完全一致。因此，使用容量瓶配制溶液应在接近该规定温度的条件下进行。

（3）在使用容量瓶前需要检查磨口玻璃塞是否漏水，只有不漏水的容量瓶才能用于配制溶液。检漏方法为在容量瓶内加水至标线附近，塞紧瓶塞后随即将容量瓶倒立，并取滤纸片插入瓶口缝隙处检查是否渗水。

（4）容量瓶不能作为反应容器混匀反应物和溶剂，需要事先在烧杯等容器内溶解样品后，方可转移至容量瓶内。

（5）容量瓶不能加热。若需要加热溶解样品配制溶液，或者样品在溶解过程中释放热量，需要在烧杯中预先配制溶液并充分冷却后，才能转移到容量瓶内，否则温度变化引起的热胀冷缩会导致容量瓶所量取的溶液体积不准确。

（6）容量瓶只能用于定容配制溶液，不能作为长期贮存溶液的容器使用。

（7）容量瓶只有在校准合格后才能使用。

二、锥形瓶

【基本信息】

锥形瓶(erlenmeyer flask)是一种由硬质玻璃制成的纵剖面呈三角形状的、口小底大的样品溶解混匀器皿,由德国化学家理查德·埃伦迈尔(Richard Erlenmeyer)于1861年发明。在生物实验室中,主要用于分子克隆实验相关溶液,如琼脂糖凝胶液、细菌培养基LB等配制。锥形瓶结构稳定,不易倾倒,长颈部分能避免样品溢出,而宽阔的平底使锥形瓶可以盛载更多的溶液。锥形瓶的规格包括50 mL、100 mL、250 mL、500 mL、1 000 mL、2 000 mL等。

【操作方法】

配制溶液时,操作顺序为先加入固体样品,后加入溶剂,混匀后手持锥形瓶水平同向旋转进行搅拌或混匀;也可以加入磁力搅拌子,将锥形瓶放在磁力搅拌器上搅拌或者使用玻璃棒搅拌。

【注意事项】

(1) 以锥形瓶配制溶液时,液体一般不得超过额定容积的1/2,以免造成喷溅。

(2) 瓶身准确的刻度仅代表液体大致体积,因此配制溶液时不能使用瓶身的刻度对液体进行定容。

(3) 使用锥形瓶配制溶液时,可使用加热器或者微波炉加热助溶。例如,在琼脂糖凝胶电泳分离DNA实验中,琼脂糖溶液需要用微波炉加热方能完全充分溶解。锥形瓶也可封口后进行高压灭菌,但是需避免温度急剧变化导致瓶壁破裂。

三、量筒

【基本信息】

量筒(graduated cylinder)是用来定量量取液体的一种仪器,主要材质为玻璃或透明塑料。量筒的规格包括10 mL、25 mL、50 mL、100 mL、250 mL、500 mL、1 000 mL、2 000 mL等。由于量筒的读数误差随着量筒的规格增大而变大,实验中应选择合适规格的量筒,并尽量一次性量取液体。如量取900 mL液体,应选用1 000 mL量筒。量筒适合于量取1~2 000 mL体积的液体。如果量取体积小于1 mL,需要使用移液器量取。量取超过2 000 mL的溶液时,则使用2 000 mL量筒多次量取。

【操作方法】

操作时一手握量筒，并略作倾斜，刻度朝向实验操作人员；另一手持试剂瓶或烧杯，使瓶口紧挨量筒口内壁，让液体缓慢流入量筒，控制流速避免过快。待注入的液体总量接近目标量时，将量筒水平放置，改用胶头滴管、移液器、洗瓶等物品滴加液体至目标刻度。观察读数时，确保视线与液体的凹液面下缘处于同一水平线上。切忌仰视或者俯视刻度，造成读数不准确。

【注意事项】

（1）量筒不可作为反应容器混合不同反应物，反应物的混合需要在烧杯或锥形瓶中完成。

（2）严禁将量筒置于温度急剧变化的环境中，热胀冷缩会造成读数的不准确。

（3）玻璃量筒不能用于量取高腐蚀溶液，如浓酸、浓碱以及含氟离子的溶液。强碱与氟化物溶液会与玻璃主要成分硅酸盐反应而腐蚀玻璃。

（4）量筒不能贮存药剂。

（5）量筒不能量取热溶液或固体样品。

（6）量筒只能量取处于量程内体积的溶液。

（7）量筒只能量取完全溶解的均相溶液。

（8）使用结束后须及时清洗，直至量筒内壁不挂水珠为止，以避免残留化学物质污染后面量取的液体。量筒在洗涤时可以用去垢剂清洗，去污粉不能用来清洗量筒，以免造成刻度的磨损，导致无法准确读数。

四、烧杯

【基本信息】

烧杯（beaker）是生物实验室常见的圆柱形玻璃或塑料器皿。其顶部一侧有一槽口，便于倾倒液体。实验室烧杯的规格包括 5 mL、10 mL、15 mL、25 mL、50 mL、100 mL、250 mL、300 m、400 mL、500 mL、600 mL、800 mL、1 000 mL、2 000 mL、3 000 mL、5 000 mL 等。烧杯的用途是加热溶解化学试剂，或者作为化学反应的容器，以及混合不同液体等。

【操作方法】

烧杯外壁标有粗略的体积刻度，操作烧杯时手握烧杯，使烧杯口朝向有槽口的一侧倾斜将溶液倒出。为防止溶液沿着烧杯壁外侧流下造成污染，可用一手持玻璃棒轻触杯口，玻璃棒另一头紧靠接收容器，倾斜烧杯使附在杯口的溶液沿玻璃棒流下。

【注意事项】

(1) 烧杯外壁的刻度不代表液体体积的精确值,因此不得用烧杯来精确量取液体。

(2) 配制溶液时,液体的量不超过烧杯容积的2/3。

(3) 加热腐蚀性药品配制的溶液时,需使用封口膜覆在烧杯口上并封紧,防止液体溅出造成危害。

(4) 烧杯并非储存瓶,不可用烧杯长期贮存化学药品,特别是腐蚀性化学试剂。烧杯无盖,贮存化学药品可能会落入灰尘,贮存液体试剂则会导致溶剂蒸发。

五、试剂瓶

【基本信息】

试剂瓶(reagent bottle)是指专门储存各种化学试剂的玻璃瓶或塑料瓶。早期大部分试剂存放于玻璃试剂瓶中,但氢氟酸会与玻璃主要成分硅酸盐反应而腐蚀玻璃,因此氢氟酸的存放则需要使用塑料瓶。存放氢氧化钠时需用带橡胶塞的试剂瓶。不同的是,光敏感试剂则需要存放在棕色试剂瓶中。近年来,各试剂厂商多采用塑料试剂瓶存放化学试剂,玻璃试剂瓶则多见于蓝盖瓶,规格包括50 mL、100 mL、250 mL、500 mL、1 000 mL等,可以储存溶液并高压灭菌。

【注意事项】

(1) 试剂瓶不是反应瓶,严禁在试剂瓶中进行化学反应或进行混合样品操作。

(2) 除蓝盖瓶外,大部分玻璃试剂瓶不能进行高压灭菌。

(3) 试剂瓶存放试剂时要贴好标签,记录储存的试剂种类及时间等重要信息。

第二节　常用生物化学实验仪器的使用

常用生物学实验仪器和设备包括离心机、移液器、高压蒸汽灭菌器、天平等。所有仪器设备都有严格的操作规范,使用者需要仔细学习操作规程,正确使用并爱护仪器设备，保障实验过程的安全可靠。

一、离心机

【工作原理】

离心机(centrifuge)是一种将非均相混合液，如固体-液体悬浊液或者液体-液体混合液进行高速离心旋转的设备(图 2-1)，从而实现将不同组分进行分离的目的。离心机的工作原理是转子在电机驱动下高速旋转，产生很大的离心力。固体悬浊液或液体混合液中不同密度、尺寸的粒子在重力作用下沉降速度有差异。粒子密度越大，沉降速度越大，沉降系数也越大；反之，密度小于周围溶液相的粒子则会上浮，从而进行有效的分离。粒子在重力场作用下的沉降速度不仅与颗粒大小、形态和密度有关，也取决于重力场的强度以及液体的黏度。生物实验室离心机的离心力加速度通常是重力加速度的上百倍及以上。液体黏度越大，沉降速度越慢。

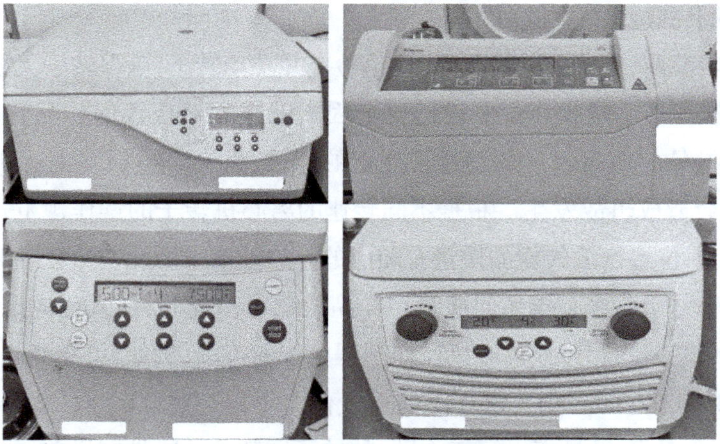

图 2-1　生物实验室常用不同品牌低温离心机

以上四种低温离心机可以满足 1~50 mL 体积液体样品在常温或较低温度下离心的需求

离心机的离心转速一般有两种表述方式：相对离心力(relative centrifugal force，rcf)和每分钟转速(round per minute，rpm)。相对离心力与每分钟转速是两个相互关联，但是又有区别的重要离心参数。实验前要确定离心转速的单位是相对离心力还是每分钟转速。相对离心力是指在离心力场的作用下，颗粒所受离心力相当于重力的倍数，单位是重力加速度 g(9.8 m/s^2)。每分钟转速是指离心机转子每分钟转圈次数。相对离心力和每分钟转速之间的换算公式如下表示：

$$\mathrm{rcf} = 1.118 \times 10^{-5} \times r \times (\mathrm{rpm})^2$$

其中，rcf 为相对离心力，以重力加速度 g 的倍数来表示；r 为转子的离心半径。

生物学实验中离心转速的选择对于实验的成败至关重要，一般情况下，离心转速越快，样品中不同组分分离越快。然而离心转速并非越快越好，离心力过大，会使一些生物样品的关键组分发生破裂导致实验失败。例如，在细胞培养过程中，收集细胞的每分钟转速一般控制在 500~1 000 r/min 之间，高于这个转速容易导致细胞破裂；而分离细胞裂解液的细胞质上清与膜质时，离心速率一般在 12 000 r/min 左右，转速过高会导致细胞裂解液上清中其他细胞器组分的流失。颗粒更细，密度与溶液平均密度差异更小的混合液则需要选择转速在 8 000~30 000 r/min 之间的条件下进行分离。亚细胞器、病毒等分离则需要更高转速的条件得以完成。

【操作方法】

离心实验前，在未通电情况下，用手检查并转动转子，确保转子无松动，无其他异常情况。离心机操作最关键的安全因素就是相对位置的样品管的质量是否平衡。样品的质量不一致超过了规定的范围，将会严重损害离心机的性能，严重时还会造成事故发生。根据不同转速的离心机转子的操作规范，样品在离心时，在相对位置摆放的样品质量有相应的允许差值。因此使用各种离心机时，首先需精确称量各离心样品的质量。样品质量有差异时，加入相应溶剂进行调整使其质量之差不超过该离心机操作规程允许的范围，例如，贝克曼超速离心机（转速为 41 000 r/min）则要求样品的重量偏差不得超过 0.01 g。微量样品离心机（通常为 1.5 mL 微量离心管离心机）的转子室部分一般带有机盖，离心时切记将机盖旋紧后方能离心，以防事故发生。当转子超过使用年限时，须立即停用并按规定进行检修或及时更换。

离心时电机驱动转子高速旋转，并和空气剧烈摩擦产生大量热量。因此离心细胞、动物或人体组织提取液中蛋白质、RNA 等对温度敏感样品时，离心温度需要维持在 4 ℃以防止样品降解，并维持样品生物活性。在离心前，将转子提前放置在冰箱（温度 4 ℃）冷却，或将转子置于离心机的转子室内，并启动离心机快速降温制冷程序，离心机便逐步降温。当离心机转子温度降至 4 ℃时，即可进行生物样品的离心操作。

离心过程中应及时观察离心机的工作状况，特别是转子的转速是否正常。启动离心机后，须确认转子平稳达到设定转速且运行正常后方可离开。运行期间应定期检查，监测设备状态。如有异响，应立即停止实验，不得强行继续离心。待离心完全停止后，方可打开离心机盖门及时排除故障，严禁在离心尚未结束时强行打开离心机盖。长时间离心，特别是过夜进行离心操作时，须有专人值守，严禁无人看管。离心结束后，需要用抹布擦拭干净离心机腔体水汽。在长时间4 ℃离心后，离心机腔体往往会有结冰现象，离心结束后需要打开离心机盖自然升温，待冰块融化后擦拭干净，保持腔体干燥。切忌使离心机长期处于低温潮湿状态，导致零件腐蚀而损坏设备。

液体样品进行离心时需要严格遵守各种离心机的具体操作规范，首先需要根据待离心液体的性质及体积，选用合适材质和体积的离心管。离心管分为有盖和无盖两种：有盖离心管必须在完全密闭下离心，管盖必须盖紧，严防样品液外溢污染离心机。无盖离心管装载液体不能太满，以防液体在离心时甩出，污染离心机。而超速离心机的离心管（如13.2 mL贝克曼超速离心管，转速41 000 r/min）则不同，为保证离心安全进行，使用时必须将液体装载至接近管口约数毫米处，以免超速离心时该离心管的上部受力不均匀，导致离心管凹陷变形。若离心机发生漏液现象，需要用干净抹布或用无尘纸蘸水擦拭干净，严禁使用金属物品摩擦离心机内腔，以免损坏表面。

【注意事项】

（1）若离心时离心管发生破裂造成漏液，必须停止离心，喷洒75%乙醇并擦拭消毒转子和离心机。当固体残骸散落在离心机中，需要及时清理。

（2）在实验前需要仔细了解离心管的最大可承受离心力，严禁将不适合高速离心的离心管用于高速离心实验。以上离心管在高速或超速离心后会发生形变，再次离心时可能破裂。超速离心管为一次性耗材，不可重复使用。

（3）每次使用离心机后，必须仔细检查转子情况，及时清洗擦干附着在转子上的水汽。安装转子时要小心，避免摩擦造成转子伤痕。

（4）离心机需要存放在通风良好，无阳光暴晒的地方，并定期检修。高速离心机和超速离心机需要存放于专门的恒温房间，并由专人维护。使用者经过培训后，取得许可证，方可进行操作。

（5）长时间不用转子时，要用蜡或润滑油涂抹转子轴承处进行保护。不可继续使用明显变形、损坏或老化的离心机转子。

(6) 转子的按时保养是离心机日常维护的重要步骤。保养转子时,实验人员需要查看轴承处有无磨损现象,并定期涂抹润滑油,防止转子磨损,以保证转子工作正常。

二、移液器

【工作原理】

移液器是实验室量取微量液体最基本的工具。根据其量程,移液器的规格分为 2.5 μL、20 μL、100 μL、200 μL、1 000 μL 等(图 2-2A)。使用移液器时,拇指按动弹簧,弹簧推动活塞下行,排出移液器内部分空气,造成移液器内负压。吸头伸入液体后再松开活塞时,内外气压差使一定体积的液体被吸入移液器。再次按下活塞时,活塞推动吸头内空气,将液体移入接收容器。使用移液器时,移液的速度和力度需要精确控制,不能过度用力按压弹簧移取液体,导致弹簧过度压缩受损,影响量取液体的准确度。移液器的使用要配套专门的吸头,对应吸头规格常见为 20 μL、200 μL、1 000 μL(图 2-2B)。

A　　　　　　　　　　　B

图 2-2　生物实验室常用移液器(A)和对应吸头(B)

A. 不同量程的移液器展示图,从左到右量程依次为 2.5 μL、20 μL、100 μL、200 μL、1 000 μL 的移液器;B. 从左到右依次为 1 000 μL、200 μL、20 μL 规格的吸头

【操作方法】

第 1 步: 设定移液体积。

第 2 步: 装配移液器吸头于移液器,将移液器末端垂直插入相应规格的塑料吸头,稍微用力下按,并小幅度微微转动移液器,确保移液器紧密接触吸头。

第 3 步: 吸液和放液

(1) 根据吸取液体的体积,将吸头尖端浸入液面数毫米至 1 cm 以下。

（2）大拇指连贯按下活塞至最低处，不要继续用力按压，以免压坏弹簧。随即轻轻松开活塞至自然最大处，慢吸慢放。

（3）放液时，大拇指连贯按下活塞至最低处至放液结束，随即将活塞缓慢松开。吸头尖端靠在容器内壁，不要溅射样品。

（4）黏稠液体的移取：含有表面活性剂或者甘油的水溶液，由于黏度变大，在吸取时会显著黏附在吸头内壁，造成移液体积严重偏离设定值。可以先吸入该黏稠溶液后缓慢排出，吸头内壁会吸附一层液体并达到饱和。然后再缓慢吸液，并缓慢放液，此时饱和吸附的液体体积已被扣除，如此可以提高移液体积的精确性。

移液器使用结束需要及时保养。最重要的一环是将移液器的量程调到最大，此时移液器弹簧处在最松弛的状态下，对弹簧损伤最小。否则将造成弹簧长期处在张力状态下，易损坏移液器，影响移液器的量程和精度。移液器用完需要归还至移液器架上，切忌随意放在桌面上。移液器需要定期进行校准，以确保量取液体体积的精确度。

移液器常见错误操作的后果及正确操作说明常见表 2 - 1。

表 2 - 1　移液器常见错误操作的后果及正确操作说明

序号	错误操作	后果	正确操作
1	装配吸头时用移液器反复猛烈撞击吸头，目的使吸头紧套在移液器上	移液器中的零部件，例如弹簧因强烈撞击而易松散损坏，严重时卡住调节刻度的旋钮，无法设定体积	小心插入吸头，左右轻转旋转使吸头紧密套在移液器上
2	吸头的直径和尺寸与移液器末端不匹配，影响气密性	移液时体积小于设定体积	更换为移液器量程相匹配的吸头
3	吸液时，移液器过度倾斜	影响吸液并有可能导致液体吸入移液器腔体	垂直或接近垂直吸液
4	在桌面平置未弃去吸头，并仍有液体残留	影响吸液准确度并有可能导致液体渗入移液器腔体导致污染	弃去吸头和残留液体，将移液器量程回归至最大，并将其挂在移液器支架上
5	用超出最大量程范围的移液器移取溶液	量取液体的体积不精确，且弹簧压缩或松弛超过正常允许范围，会造成永久性形变，损坏移液器	移液需要选择合适的移液器，使液体的体积处于移液器规定的量程范围内

续 表

序号	错误操作	后果	正确操作
6	吸取具有强挥发性的有机溶液	有机溶剂挥发腐蚀移液器零件	使用外置活塞式移液器
7	吸液速度和放液速度过快	液体容易溅出,或反溅入移液器内,污染离心管和移液器	慢吸、慢放

【注意事项】

(1) 如液体进入活塞室应及时清除污染物,可用无尘纸擦拭。

(2) 避免移取高盐高腐蚀溶液,导致损坏移液器。

(3) 避免放在极端温度处以防弹簧变形,致使移取液体不精确,或者漏液。

(4) 不同类型实验的移液器分类使用,如细胞培养室使用的移液器需要在无菌环境下使用,因此禁止与其他移液器混用。

三、高压蒸汽灭菌器

【工作原理】

高压蒸汽灭菌器(autoclave)由法国微生物学家尚柏朗(Chamberland)于1879年发明(图2-3),该设备利用在高压密闭环境下加热水产生超过100 ℃的饱和水蒸气。高温水蒸气使微生物的蛋白质迅速发生变性,从而达到消毒灭菌的目的。生物实验室的高压蒸汽灭菌器由以下部分组成:灭菌室、加热装置、控制系统、冷却系统和安全装置。密闭的灭菌器内升温后,大气压强上升使得水的沸点提高,产生121 ℃饱和蒸汽,持续灭菌20~30 min时间,使生物制品有效灭菌。

图2-3 生物实验室常用的高压蒸汽灭菌器

高压蒸汽灭菌器在生物实验室中有广泛用途。一般用于无菌实验所需的各种溶液培养基、医疗器械和耗材等的灭菌处理。高压蒸汽灭菌时间和待灭菌物品的种类与数量有关,物品较多时,需要适当延长灭菌时间。高压蒸汽灭菌器属于压力器皿，实验人员需要经过培训后才能操作。在使用高压蒸汽或者高于上限灭菌器前需要检查灭菌器水箱内的水是否充足，严禁在灭菌水低于水位线下限的情况下进行灭菌。灭菌水低于水位线下限时需要添加蒸馏水，不能添加自来水，因为自来水含有大量离子，会腐蚀灭菌器的器件。

【操作方法】

高压蒸汽灭菌器的操作流程一般包含以下步骤：

（1）加水：加水至灭菌器的水箱中，确保处于体积下限和上限之间。

（2）物品放入灭菌器：待灭菌物品装入灭菌器时注意物品间留有适当空隙。盛有液体的锥形瓶和试管等物品应立放，以免灭菌过程倾倒，导致液体污染瓶口和灭菌器。

（3）通电加温：紧锁盖子，选择灭菌普通样品或液体样品等不同模式。按下灭菌按钮，电热指示灯亮代表灭菌器的加热已经启动；在温度超过 100 ℃后，灭菌器内蒸气压逐渐上升。当温度升至 121 ℃并维持 20～30 min 时，高压蒸汽开始对物品进行灭菌。

（4）降温：灭菌 20～30 min 后，温度和灭菌器压强逐步下降。在温度降至 100 ℃之前，仪器内部压强仍大于常压。此时严禁强行打开灭菌器，以免造成事故。当温度下降至 50～70 ℃时可以停止灭菌。

（5）灭菌停止：灭菌结束后，当灭菌器内压强下降至“0”时，方可缓慢将门开启。冷却后取出灭菌物品。若溶液灭菌结束时，需要慢慢排出残余蒸汽，以免灭菌器内压强骤降引发液体暴沸。

（6）保养：灭菌结束后及时关闭电源，并打开灭菌器使残余蒸汽散发，保持灭菌器内壁的干燥，减少灭菌器的腐蚀。

【注意事项】

（1）在灭菌前需要仔细阅读灭菌物品的操作说明，并确定物品是否适合灭菌，严禁将不适合灭菌的物品放入灭菌器进行灭菌。

（2）灭菌的物品放置不宜太紧凑或过多，否则将会大大降低蒸汽透入物品的效率，从而降低灭菌效率。

（3）所有液体物品必须密闭。移液器吸头灭菌时，可用牛皮纸包裹吸头盒，防止弄湿吸头，灭菌结束后可以放入烘箱进一步干燥。

（4）灭菌溶液介质均为水溶液，严禁将含有高挥发性、腐蚀性、易燃易爆的有机溶剂进行灭菌。样品瓶盖需旋紧，以防高温下溶液迅速蒸发。但不能太紧凑，以防瓶内蒸汽压强过高导致样品瓶爆裂。

（5）121 ℃饱和蒸汽灭菌 20～30 min 结束后，须待灭菌器内压强降至与外界大气压相等后，才可安全开盖。

（6）灭菌器长期使用之后要及时清除污垢，并进行保养。

四、天平

【分类】

生物实验室常使用称量准确、质量显示快速的电子天平（图 2－4）。电子天平同时可以对称量过程进行校准并自动去皮。部分高性能电子天平还能自动输出称量数据，当电子天平发生故障时，将显示故障代码，方便实验者迅速查明故障原因。电子天平可分为超微量电子天平、微量电子天平、半微量电子天平和常量电子天平等四类，实验者应根据样品质量和精度的不同，选择不同种类的天平进行实验。

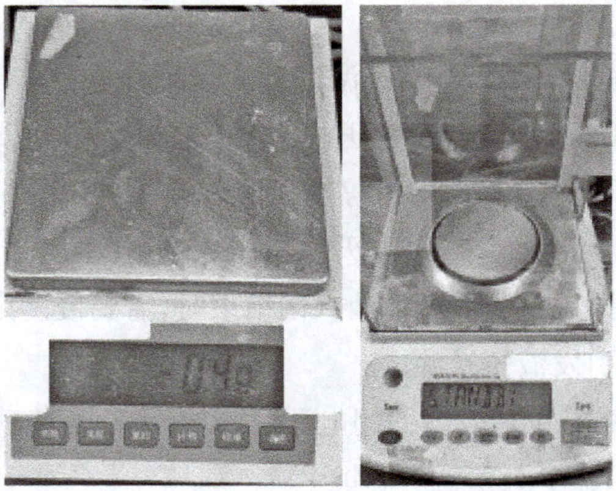

A　　B

图 2－4　生物实验室常用常量电子天平

（1）超微量电子天平：如梅特勒－托利多公司生产的 UMT2 型电子天平等。超微量电子天平标尺分度值小于（最大）称量质量的 10^{-6} 倍，故称为百万分之一天平。

（2）微量电子天平：如梅特勒－托利多公司生产的 AT21 型电子天平、赛多利斯公司生产的 S4 型电子天平等。微量电子天平一般标尺分度值小于（最大）称量的 10^{-5} 倍，故称为十万分之一天平。

（3）半微量电子天平：如梅特勒－托利多公司生产的 AE50 型电子天平、赛多利斯公司生产的 M25D 型电子天平等。其标尺分度值小于(最大)称量的 10^{-5}倍。

(4) 常量电子天平：如梅特勒-托利多公司生产的 AE200 型电子天平，赛多利斯公司生产的 A120S、A200S 型电子天平等。其标尺分度值小于(最大)称量的 10^{-5}倍。

【操作方法】

(1) 电子天平的存放要求：电子天平需要存放在特定的天平室内稳定且水平的工作台上。最大量程越小、准确度越高的电子天平对天平室的存放要求就越高。特别是超微量电子天平，通常存放于专门的恒温密闭房间，减少各种物理因素对于称量读数的干扰。一些精密度较高的电子天平读数甚至还会受到空调压缩机工作振动的影响，因此在使用这些天平时还需要关闭空调进行操作。

(2) 调零：安装秤盘，调整水平调节脚，观察水泡并使其位于水准器中心。电子天平长期使用后通常水泡偏离水准器中心，使读数准确性下降，需要调节旋钮将其恢复到中心位置。

(3) 开机：秤盘空载并按压“开始”键，天平即显示自检。当天平的称重质量显示为 0 时，代表设备准备就绪。

(4) 称量：将称量纸对角折叠后展平，轻轻打开天平窗口，放至秤盘上。按键进行自动去皮，待读数归零后，用称量勺小心称取药品，置于称量纸上，关闭天平窗口，待读数稳定后记录。

(5) 结束称量：取出样品，用毛刷轻轻打扫干净秤盘。关上天平窗口，关闭电源开关。

【注意事项】

(1) 称取样品的重量严禁超过天平规定的最高上限，以免损坏天平的传感器。

(2) 称取样品重量不可低于天平规定的下限，此时需要更换合适量程的天平重新进行称量。

(3) 在打开和关闭天平窗口时需要小心轻柔，以免损坏天平窗口。若发现电子天平读数跳跃异常无法稳定，需要重新启动电子天平进行称量。

(4) 严禁在电子天平内称量过热或者过冷的样品，以及具有挥发性、腐蚀性、易燃易爆的样品，严禁在天平中混合不同试剂或液体。

(5) 称量结束后需要及时用毛刷打扫天平保持清洁，以防污染天平。

（6）定期对天平进行校准，如有问题及时维修。

思考题

（1）锥形瓶和烧杯能否精确量取液体？如若不能，使用何种量取器皿可以准确量取实验所用液体？其操作规程是什么？

（2）叙述离心机工作原理和过程。

（3）离心细胞裂解提取物时，需要注意什么事项，设置什么实验条件参数？

（4）移液器移取液体样品时，如果样品体积小于设定值，是什么原因造成的？如果大于设定值，又是什么原因造成的？以上两种异常情况该如何进行排除？

（5）灭菌器灭菌程序结束后，温度下降到 98 ℃，此时能否打开灭菌器取出物品？为什么？正确的做法是什么？

（王一兵）

第三章

生物化学实验基本技术

【本章提要】

常用的生物化学实验技术包括生物化学实验样本的制备、离心技术、色谱(层析)技术、分光光度技术、电泳技术、PCR技术。本章主要介绍实验样本的制备,以及其他实验技术的基本内容。

【学习目标】

掌握生物化学实验基本实验技术的原理。

第一节　生物化学实验样本的制备

无论出于分析组织中特定物质含量还是探究组织中物质代谢过程的目的,开展相应生物化学实验之前需要特定的生物样本。由于实验目的与特定要求,往往需要将得到的样本进行适当的预处理。因此,掌握生物化学实验样本的正确处理与制备方法是做好生物化学实验的前提。

常用的基础生物化学实验样本主要分为人体和动物的血液样本、尿液样本和组织样本。血液样本常见为全血、血浆、血清及无蛋白血滤液。组织样本主要包括肝、心脏、脂肪、肾、胰或肌肉等组织,组织样本常需制备成组织糜、组织匀浆、组织切片或组织浸出液等状态后用于各项生化实验。关于样本的制备方法,简述如下。

一、血液样本

(一) 全血

收集人体或动物全血样本时,需注意两点: ① 采集时仪器的提前清洁与干燥,采集环境的相对安全洁净,包括采血部位的清洁。② 采集血液后,迅速在盛装血液的试管内提前或及时加入适当的抗凝剂,同时轻轻摇动,使血液与抗凝剂充分混合均匀,以免血液凝固形成凝血小块。若取得的血液样本不立刻进行实验,应储存于冰箱中。

选择合适的抗凝剂和稳定剂可以最大限度地减少干扰,维持药物及其代谢产物的稳定性,避免样本凝血导致的实验误差,是保证生物分析方法稳定可靠的关键前提。常用的抗凝剂有乙二胺四乙酸(ethylenediaminetetra-acetic acid, EDTA)、肝素、草酸盐类、柠檬酸盐类、氟化物类等,可依据实验要求进行选择。

EDTA 是目前实验室最常用的抗凝剂,其通过与任何形式的钙离子螯合阻断凝血级联反应,从而有效防止血液凝固。相比肝素,使用 EDTA 作为抗凝剂采集的血样在冻融后产生的凝块更少,全血中抗凝时效更长,这更有利于后续实验操作。肝素作为一种天然的阻凝剂,价格较贵,尚不能普遍应用。草酸盐作为抗凝剂会出现红细胞脱水(草酸钾)和膨胀(草酸铵),但对磷酸盐有明显的抑制作用,有助于稳定对磷酸酶敏感的药物。柠檬酸盐会引起红细胞萎缩和改变全血 pH,因此要严格控制使用比例。氟化物抗凝作用较弱,但有很强大的酶抑制作用,常被用作稳定剂。无论选择何种抗凝剂,用量不应过多,以免影响实验结果。

(二) 血浆

上述抗凝的全血在离心机中离心,血细胞下沉后,上层清液即为血浆。若用到血浆进行分析,一定要严格防止溶血的发生,因此要求采血时用到的工具,如采集管、注射器、针头、镊子、剪刀等必须严格灭菌干燥,取出的血液也不能剧烈摇动。

(三) 血清

收集的血液不加抗凝剂,在室温下 5~20 min 即开始自行凝固(防暴晒),通常需 2~4 h,血液凝固后自然析出的液体即是血清。为缩短血清分出的时间,可使用离心机离心,上清液即为血清。制备血清也要防止溶血,一方面器具要严格灭菌干燥;另一方面,血块收缩后,应尽快分离出血清,因为放置过久,血块中血细胞也可能溶血。

采集到的血清、血浆样本应该是淡黄色的透明或者半透明液体,若发现收集后的样本是红色,说明在样本采集过程中可能出现溶血现象。由于溶血样本会使样本的代谢谱发生很大的变化,所以溶血严重的样本需要重新制备。

（四）无蛋白血滤液

许多生化分析往往要先将血液中的蛋白质沉淀、去除，制成无蛋白血滤液避免蛋白质的干扰。例如血液中的非蛋白氮、尿酸、肌酸等测定时，都需要先把血液制成无蛋白滤液后，再进行分析测定。钨酸、三氯醋酸作为常用的蛋白质沉淀剂均可用于制备无蛋白血滤液，应根据不同要求加以选择。

二、尿液样本

一般定性实验只需收集单次尿液即可，但尿液的成分会随饮食及生理变化等影响出现显著差异。因此，定量测定尿液时往往收集 24 h 尿混合后取样。通常在早晨一定时间排出晨尿并弃去，之后 24 h 每次排尿收集于清洁低温的玻璃管中，直至第 2 日早晨同一时间，随即测量总体积。若收集的尿液不能立刻进行分析，需冷藏保存。尿液收集时，可视需求在收集玻璃管中加入防腐剂如甲苯、盐酸等，通常每升尿中约加入 5 mL 甲苯或盐酸。

如需收集动物尿液，可将动物置于代谢仓中，其排出的尿液经仓下漏斗流入瓶中。

三、组织样本

在生物化学实验中，常利用离体组织研究各种物质代谢的途径与酶系的作用，也可从组织中提取各种代谢物质进行研究。各种离体过久的组织，无论在何种温度及 pH 等条件下，都会进行一定程度的物质代谢。例如，组织中的某些酶久置后，会因为发生变性而失活，某些成分如糖原、ATP 等在动物死亡数分钟或十几分钟内含量明显降低。因此，利用离体组织作代谢研究或提取材料时，必须迅速将其取出并尽快进行提取测定或冷冻保存。

一般在收集血液后，采用脱颈法或空气法处死动物，处死后立即剖取实验所需器官或组织，去除多余的脂肪及结缔组织后，立即用生理盐水或磷酸缓冲盐溶液（phosphate buffered saline，PBS）洗去血液，必要时也可用生理盐水或 PBS 灌注脏器以洗去血液，再用滤纸吸干，即可用于实验分析。若需对脏器重量进行测量，应该在清洁脏器后尽快称重，以免水分蒸发对读数有所影响。取出的脏器或组织，可根据不同的研究目的，制成不同的组织样品。

常用方法如下：

1. 组织糜　将组织用剪刀、刀片迅速剪碎，或用绞肉机绞成糜状即可。

2. 组织研磨　将新鲜或冷冻组织样本,取适当大小的组织放入研磨管,选择性加入研磨钢珠、匀浆液辅助,随后将研磨管放入组织匀浆器进行研磨。

实验室常用的高通量组织匀浆器由匀浆板和夹具组成(图 3-1),将研磨管放入适配的匀浆板后必须紧紧固定在研磨器中的垂直夹具上,否则在高速研磨过程中会产生危险。高通量组织研磨器采用高频垂直振荡的方式,选择不同的研磨珠对不同性状的样品在研磨管内对样品直接进行研磨,研磨管内样品与研磨珠相互碰撞,其产生的研磨剪切力和撞击力使组织完全破碎而制成匀浆,可以对多种样本的原始 DNA、RNA、蛋白质进行提取和纯化。若提取物对温度有严格要求,可以将匀浆板提前进行低温预冷处理,以避免提取物活性物质的降解。多数研磨器支持干磨、湿磨和混合研磨及均质化处理,最高可支持 48 个不同样品进行研磨处理,可极大地提高研磨效率和质量,降低人力成本,减少人工操作误差。随后将研磨好的组织匀浆进行离心,一般上清液即为组织浸出液,根据不同实验要求加以选择。

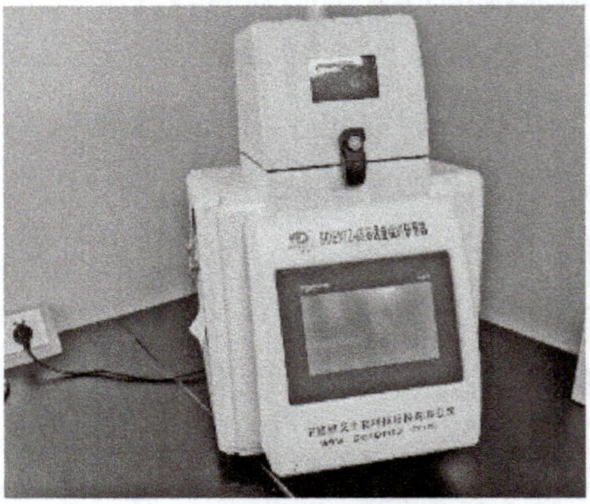

图 3-1　高通量组织匀浆器

第二节　生物化学实验常用实验技术

一、离心技术

【基本原理】

物质在介质中的扩散是无条件的、绝对的,扩散速率与物质质量成反比,颗粒越小扩散现象越显著。沉降是有条件的、相对的,要受到外力才能发生。沉降速率与物体质量成正比,颗粒越大沉降越快。对小于几微米的微粒如病毒或蛋白质等,它们在溶液中成胶体或半胶体状态,仅仅利用重力是不可能观察到沉降过程的,因此需要利用离心机产生强大的离心力,才能迫使这些微粒克服扩散产生沉降运动。离心技术就是利用离心机转子高速旋转产生的强大的离心力,加快液体中颗粒的沉降速度,把样品中不同沉降系数和浮力密度的物质分离开的技术。离心机是通过绕固定轴高速旋转，使物质受离心力，产生模拟地球重力场的作用，使物体做沉降运动，从而对样本中的不同密度、不同状态的组分进行分离的仪器设备（图 3－2）。

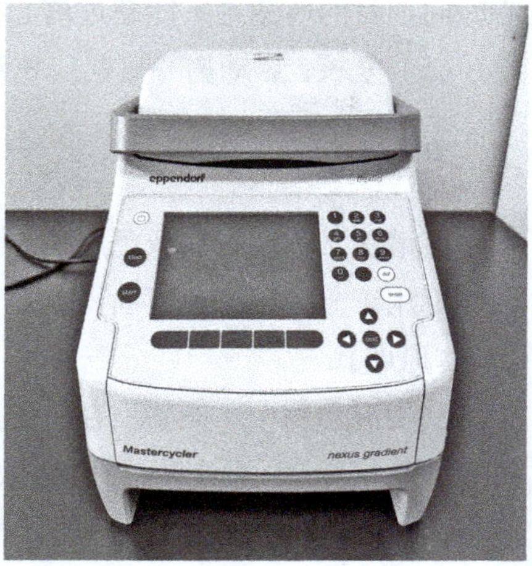

图 3－2　离心机

【离心机常见类型】

离心机主要用于将悬浮液中的固体颗粒与液体分开，或将乳浊液中两种密度不同又互不相溶的液体分开；也可用于排除湿固体中的液体；特殊的超速管式分离机还可分离不同密度的气体混合物；利用不同密度或粒度的固体颗粒在液体中沉降速度不同的特点，有的沉降离心机还可对固体颗粒按密度或粒度进行分级。离心机可分为以下几种类型：

根据离心时离心管与扭转轴的角度，可分为斜角式离心机和水平式离心机。前者微粒所走路径较短，沉降较快，但沉淀面与离心管纵轴成斜面，难以准确观察到沉降体积；后者离心时微粒所走路径较长，沉淀较慢，但沉淀面与离心管纵轴垂直，在刻度离心管中可以准确观察沉淀体积。根据离心机的转速不同，可将其分为 3 类：低速离心机（转速低于 10 000 r/min）、高速离心机（转速在 10 000～25 000 r/min）、超速离心机（转速高于 30 000 r/min）；按用途不同，可分为制备性离心机、分析性离心机；按操作温度不同，可分为常温离心机和低温离心机，后者附带有制冷设备，适于在较高温度时易分解或酶解的生物大分子的分离。

【注意事项】

不同离心机的离心方法有不同的要求，使用前应仔细阅读有关资料及操作手册，严格执行，通常需要注意以下几点：

（1）将待离心的液体置于相应离心管中，液面不宜超过离心管容量的 2/3。

（2）温度：若需要进行对温度有要求的离心操作，需要在放置离心管前预设离心机的温度。

（3）配平：将待离心的离心管对称地、容量相同地分布在离心机旋转轴周围，保证离心管盖子盖紧。

（4）选择离心参数，应根据实验要求选择合适的参数包括转速或离心力、离心时间。目的转速绝不能超过离心机的最高转速，否则可能发生严重事故。

（5）复核：启动离心机前应核对所设参数、转头放置、盖子等正确无误。

二、色谱（层析）技术

色谱法又称层析法或色层法，是一种分离、分析多组分混合物的有效方法，因早期用于分离植物色素而得名。

【基本原理】

利用混合物中不同物质在色谱分离系统中固定相与流动相中分配系数（溶解、吸附、亲和度）的差异，当两相做相对运动时，这些物质随流动相一起运动，并在两相间进行反复多次分配，从而延展不同物质的洗脱距离，达到分离的目的。两相中有一相是固定的，称为固定相；另一相是流动的，称为流动相。固定相可以是固体，也可以是液体，流动相一般是液体或气体。

【常用层析法】

层析法有多种。按照原理不同，可分为吸附层析、离子交换层析、凝胶层析和亲和层析等；按照装置形式不同，可分为纸层析、薄层析和柱层析等；按照流动相状态不同，可分为气相层析和液相层析等。

（1）吸附层析：是最早建立的一种层析分离法。适用于中等分子量以及低降解度的样品。吸附层析的效果取决于吸附剂、溶剂和被分离化合物的性质。当混合物各组分随流动相流经固定相吸附剂时，在两相界面不断发生着吸附-解吸过程，由于吸附剂对各组分的吸附力不同，从而使各组分彼此分离。吸附包括物理吸附和化学吸附。

（2）离子交换层析：是生物大分子提纯中最广泛应用的方法之一。离子交换层析是以离子交换剂作为固定相，当流动相中的带电粒子流经固定相时，不同组分的离子交换能力不同，将固定相中带同性电荷的离子交换下来，从而将组分彼此分离。常用的离子交换剂有纤维素、树脂和葡聚糖凝胶。洗脱液常用具有一定 pH 的酸类、碱类或盐类缓冲液。

（3）凝胶层析：按照分子量大小及形状不同进行分离的技术，又称为分子筛层析。它的突出优点是层析所用的凝胶属于惰性载体，不带电荷，吸附力弱，操作条件比较温和，可在相当广的温度范围下进行。凝胶层析所选用的支持物为凝胶颗粒，不同类型凝胶的筛孔大小不同。当混合物各组分随流动相流经凝胶颗粒时，直径大于凝胶网络孔径的组分不能进入凝胶颗粒，而是直接从颗粒之间的空隙流下，所受阻力小，流动速度快；分子直径小于凝胶网络孔径的组分则要连续不断地穿入凝胶颗粒内部，流经路径长，所受阻力大，流动速度慢，同时将其从凝胶柱上洗脱下来所耗费的时间也越长。所用凝胶有两类天然凝胶（如淀粉凝胶、琼脂糖凝胶）、人工合成凝胶（如聚丙烯酰胺凝胶），所用的凝胶孔径大小的选择主要取决于要纯化的蛋白质分子量。洗脱剂常用有机溶剂或具有一定 pH 的盐类缓冲液。

（4）亲和层析：在生物分子中有些分子的特定结构部位能够同其他分子相互识别并结合，如酶与底物的识别结合、受体与配体的识别结合、抗体与抗原的识别结合，这种结合既是特异的，又是可逆的，改变条件可以使这种结合解除。生物分子间的这种结合能力称为亲和力。亲和层析就是根据此种原理利用生物大分子与某些相对应的专一分子特异识别和可逆结合的特性而建立起来的一种分离生物大分子的层析方法。亲和层析是分离蛋白质的一种极有效的方法，常只需一步处理即可得到纯度较高的某种蛋白质。具有专一亲和力的分子对可以是酶-底物、抗原-抗体、激素-受体、DNA -互补 DNA、DNA -互补 RNA 等。在分子对中，假如一方是将被分离的亲和物，另一方就称为配体。层析时要将配体结合于载体上，常用的载体有琼脂糖、聚丙烯酰胺等。此法具有高效、快速、简便等优点。

三、分光光度技术

在生物化学定性、定量的研究中，目前实验室中运用最广泛的是分光光度技术。分光光度技术由比色法的发展而来，比色法属吸收光谱分析，以生成有色化合物的显色反应为基础，针对性强，使用条件较为严格，但相对误差较大，且只限于可见光区域。分光光度技术则可以扩展到紫外光区和红外光区，从用一定波长范围的光扩展到单一波长的光，运用范围更广泛，灵敏度、准确性更高。现在，各种光电比色计、分光光度计已成为实验室必备的仪器。

【基本原理】

光是电磁波的一种，具有不同的波长。当光线通过被测物时，部分辐射能量被溶液吸收，其余部分透过溶液。依据物质分子不同的吸收光区，分光光度技术可分为紫外光（吸收光区在 200~400 nm）、可见光（吸收光区在 400~750 nm）和红外光（吸收光区在 750~1 000 μm）等三类。分光光度技术是通过测定被测物质在特定波长或处于一定波长范围内光的吸收度，利用物质所特有的吸收光谱来鉴别物质的存在进行定性分析,也可以利用物质对一定波长光的吸收程度来测定物质含量的方法进行定量分析。

利用分光光度技术测定物质含量的基本原理都是依据著名的朗伯-比尔(Lambert-Beer)定律:当一束平行单色光通过含有均匀吸光物质的吸收池(气体、液体、固体)一部分被吸收,一部分被透过,一部分被吸收池表面反射。该定律主要说明了物质对单色光吸收的强弱与吸光物质的浓度(C)和厚度(B)间的定律关系。可用以下公式表示:

$$A = Lg\frac{1}{t} = KBC,\ T = \frac{I_t}{I_0}$$

式中,T 代表透射比或透光度;I_0代表入射光强度;I_t代表透射光强度;A 代表吸光度(或称光密度,常用 OD 表示);K 代表某种溶液的消光系数(吸收光);C 代表吸光物质的浓度;B 代表光径的长度,即吸光层的厚度。

一般来说,K 是一个常数,某种有色物质对一定波长的入射光具有一定的吸收值。当 K 与 B 不变时,吸光度 A 与吸光物质浓度成正比关系,A 值越大,物质的吸光能力越大。

【分光光度技术应用计算】

在实际工作中,分光光度技术测定物质浓度主要采用两种计算方法:已知浓度求算法和标准曲线法,两种均利用分光光度计测量的吸光度值来测定物质浓度。

1. 已知浓度求算法　在相同条件下分别测定待测(Cu)样本的吸光度(Au)和已知浓度(Cs)标准样本的吸光度(As)。因为被测物质与标准物质的成分相同,$Ku = Ks$,$Bu = Bs$,由 $A = KBC$ 可得,Au 与 As 之比等于两样本浓度之比。即由此得出

$$Cu = \frac{Au}{As} \cdot Cs$$

将测得的 Au、As 及已知浓度 Cs 代入上式计算,即可得出 Cu 的浓度。

2. 标准曲线法　在相同条件下,测定待测样品同时配制一系列浓度由小到大的标准溶液,并分别测出标准溶液的吸光度值,以吸光度值为横坐标,浓度为纵坐标制作标准曲线,求出标准曲线回归方程。随后在标准曲线或通过该回归方程上得到待测样品对应的浓度值。也有方法提出可以先得出标准溶液的曲线

方程后，在同样条件下进行待测液的吸光度测定，但此种方式存在一定误差。注意制作标准溶液的浓度梯度份数不得低于 5 份，数据点至少有 3 个在直线上否则要重新计算其回归方程式；标准曲线制作与待测样品的测定应在同一台仪器上进行，避免系统误差。

【常用分光光度计】

分光光度计又叫光谱仪，是能从含有各种波长的混合光中，将每一种单色光分离出来，并测量其强度的仪器（图 3－3）。仪器主要由光源单色器、样品室、检测器、信号处理器和显示与储存系统组成。分光光度计可分为紫外分光光度计、可见光分光光度计（或比色计）、红外分光光度计、荧光分光光度计、原子吸收分光光度计。分光光度计已经成为现代分子生物实验室常规仪器，常用于核酸、蛋白质以及细菌生长浓度的定量。一般的分光光度计具有独特的双光路、双光束光学系统，使得仪器分辨率更高，杂散光更低，稳定性、可靠性更强，分析更加准确。

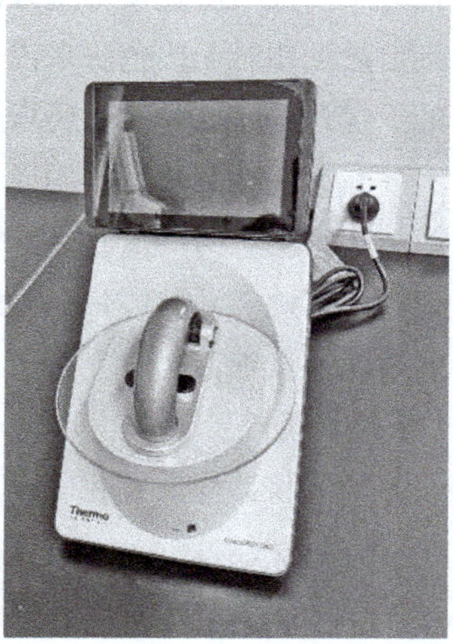

图 3－3　分光光度计

1. 紫外分光光度计　主要用来测量待测物质对紫外光的吸光度并进行定量分析，可以测定核酸、蛋白质和细菌细胞密度。

2. 可见光分光光度计　主要用来测量样品对可见光的吸光度并进行定量分析，可在 600 nm 测定细菌细胞密度。

3. 红外分光光度计　主要针对样品量少、大于 760 nm 的红外光谱、各种状态（气、液、固）、有机化合物进行快速分析。

4. 荧光分光光度计　用于扫描液相荧光标志物所发出的荧光光谱，不仅可以定量分析，还可以推断分子在各种环境下的构象变化，从而阐明分子结构与功能之间的关系。

5. 原子吸收分光光度计　适用于样品中微量及痕量组分分析。

【常见用途】

1. 核酸定量　可以定量溶于缓冲液的寡核苷酸，单链、双链 DNA，以及 RNA。定量不同类型的核酸，事先要选择对应的系数，核酸的最高吸收峰的吸收波长 260 nm。测得吸光度通过系数换算即可得相应样品浓度。除了显示浓度的同时,分光光度计还可以显示样品的纯度,纯净的样品,比值大于1.8(DNA)或者2.0(RNA)。

2. 蛋白质定量　通过在280 nm波长处直接测试蛋白质,可以通过换算或者直接显示出样品浓度,蛋白质的测定与核酸定量一样,均需要标准品和空白组进行对照。蛋白质直接定量方法,适用于纯度高、成分相对单一的蛋白质。紫外直接定量法相对于比色法来说,速度快,操作简单,但是容易受到DNA等其他物质的干扰;另外敏感度低,要求蛋白质的浓度较高。

3. 细菌细胞密度　对于准确度要求较高的实验,需要用分光光度计确定细菌细胞密度。OD600是追踪液体培养物中微生物生长的标准方法,同时为了保证操作正确,必须针对每种微生物和每台仪器用显微镜进行细胞计数,做出校正曲线。测试细菌时,要保证细菌的悬浮状态。

【注意事项】

(1) 仪器应放置在固定且不受震动的工作台上,所用电压须与电源电压相符,并接地线。

(2) 仪器不要受强光照射,且防止灰尘和潮气进入,不使用时要加防光罩或套盖。

(3) 接电源前和使用结束后注意检查开关、调节器和光路闸门是否都置于"0"或"关"位。

(4) 比色皿要保持清洁干燥,连续使用时,注意使用期间的清洁,槽外水珠和滤光片要用绸布或擦镜纸擦拭,不要用手拿透光面。

(5) 该仪器连续使用时间不宜超过2 h,且再次使用前需间隔至少30分钟。要随用随开,避免光电池疲劳失效,硒光电池衰老失效后要及时更换。

四、电泳技术

分散质粒子在空间匀强电场影响下相对于流体的运动称为电泳,是生物化学、分子生物学、免疫学和药物化学常用的基本技术之一。电泳本质上是由粒子表面和周围流体之间存在的带电界面引起的。电泳技术是根据粒子大小、电荷或亲和力进行分子分离、物质纯度分析和分子量测定的,是化学分析技术的基础。

【基本原理】

许多生物分子都带有电荷,在电场作用下可发生移动。在一定条件下,带电的颗粒在匀强电场作用下向电性相反的一极移动。由于混合物中各组分所带电荷性质、数量及分子量各不相同，在同一电场作用下，带电粒子向另一极移动，各组分泳动速度也各异，泳动最快的离子走在最前面，其他离子依电泳速度快慢排列，形成不同的区带。所以在一定时间内，它们移动的距离不同，从而可以达到分离鉴定的目的。电泳装置主要包括两个部分：电源和电泳槽。电源提供直流电，在电泳槽中产生电场，驱动带电分子的迁移。

【影响电泳的因素】

（1）分子量大小：分子量大小与迁移速率成反比，分子越大，摩擦阻力越大，同时通过凝胶孔径的效率也低于较小的分子。

（2）电场强度：电场强度和电泳速度成正比。电场强度越高，带电粒子的移动越快。

（3）介质的 pH：介质的 pH 值不仅决定了带电粒子的解离程度，还决定了该物质所带净电荷的性质和数量。为了维持电泳过程中溶液的 pH 稳定性，必须使用缓冲溶液体系。

（4）凝胶的浓度：凝胶浓度越大，孔径越小，分子迁移速率也越低，但同时分辨率越高。

（5）缓冲液的离子强度：带电颗粒的迁移率与离子强度的平方根成反比，即离子强度低，电泳速度快，分离区带不清晰，但离子强度过低不易维持 pH 稳定，离子强度一般在 0.02~0.20 之间。

（6）电渗作用：在电场中，液体对固定相的相对移动称为电渗。在有载体的电泳中，产生电渗现象的原因是载体中常含有可电离的基团，由于电渗现象往往与电泳同时存在，所以带电粒子的移动距离也受电渗影响；如电泳方向与电渗相反，则实际电泳的距离等于电泳距离加上电渗的距离。

【电泳分类】

依照技术原理，电泳可分为稳态电泳、移动界面电泳和区带电泳等三种。任何电泳技术方法，都是以某种载体或支持介质作为样品中蛋白质的游动跑道，在一定温度、pH、稳定的静电场中实现对样品蛋白质的分离，进而进行分析。其中，区带电泳操作简便，容易推广，因此为目前实验室中常用的电泳系统。

区带电泳是在一定的支持物上，于均一的载体电解质中，将样品加在中部位置，在电场作用下，样品中带正或负电荷的离子分别向负或正极以不同速度移动，分离成一个个彼此隔开的区带。区带电泳按支持物物理性状不同可分为纸电泳及其他纤维素薄膜电泳、凝胶电泳、粉末电泳、线丝电泳；按支持物的装置形式可分为平板式电泳、垂直板电泳和柱状电泳;按 pH 的连续性不同可分为连续 pH 电泳和非连续 pH 电泳。

【常用区带电泳技术】

1. 纸电泳　以滤纸为支持物的区带电泳方法,常与其他层析方法配合使用,以提高分离效果。纸电泳一般用于物质分离分析、测定等电点和判断样品的纯度等方面。纸电泳装置比较简单,只需滤纸、电极、缓冲液槽和稳定的直流电源即可。

2. 醋酸纤维素薄膜电泳　以醋酸纤维素薄膜为支持物的区带电泳方法。醋酸纤维素是纤维素的羟基经乙酰化所形成的纤维素醋酸酯。将其溶解在有机溶剂中,并涂抹成均匀的薄膜,即成醋酸纤维素薄膜。该膜具有均一的泡沫状结构,有强渗透性,对分子移动的阻力小,分离速度快,区带清晰,样品用量少,操作简便,没有吸附现象等优点。目前广泛用于血清蛋白、脂蛋白、糖蛋白、同工酶等的分离。

3. 琼脂糖凝胶电泳　是一种以琼脂糖凝胶为支持物的区带电泳,其分析原理与其他支持物电泳的最主要区别是它兼有“分子筛”和“电泳”的双重作用。琼脂糖在水中一般加热到 90 ℃以上溶解,溶解后分子呈随机线团状分布;温度下降到 40 ℃左右形成良好的半固体状凝胶。链间糖分子上的羟基通过氢键作用相连接,形成孔径结构,直接参与带电颗粒的分离过程。在电泳中,不同大小的物质分子通过空隙时会受到阻力,大分子物质在泳动时受到的阻力比小分子大。因此,在凝胶电泳中,带电颗粒的分离不仅依赖于净电荷的性质和数量,还取决于分子大小,这就提高了分辨力。生物化学实验室中最常用琼脂糖凝胶电泳来进行 DNA 的分析(图 3-4)。

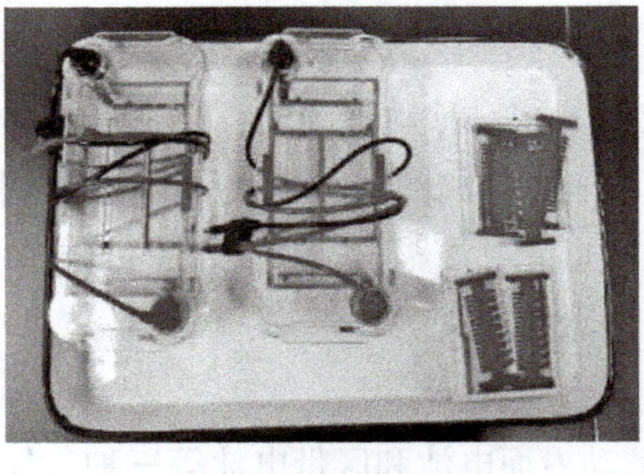

图 3-4　琼脂糖凝胶电泳装置

4. 聚丙烯酰胺凝胶电泳(polyacrylamide gel electrophoresis, PAGE)　是一种以人工合成的聚丙烯酰胺凝胶为支持物的区带电泳方法,具有“分子筛”和“电泳”双重作用。凝胶的聚合过程由自由基催化完成,PAGE 根据有无浓缩效应、缓冲液的 pH 和凝胶浓度是否相同分为连续系统和不连续系统两大类。实验室中最常见的为十二烷基硫酸钠-聚丙烯酰胺凝胶电泳(SDS-PAGE),可利用该技术使蛋白质样本分离,测定蛋白质的分子量,对蛋白质组分进行分离、分析、纯化、定性、定量以及少量的制备。蛋白质在聚丙烯酰胺凝胶中电泳时，迁移速率取决于它所带的净电荷、分子量大小和形状等因素（图 3－5）。

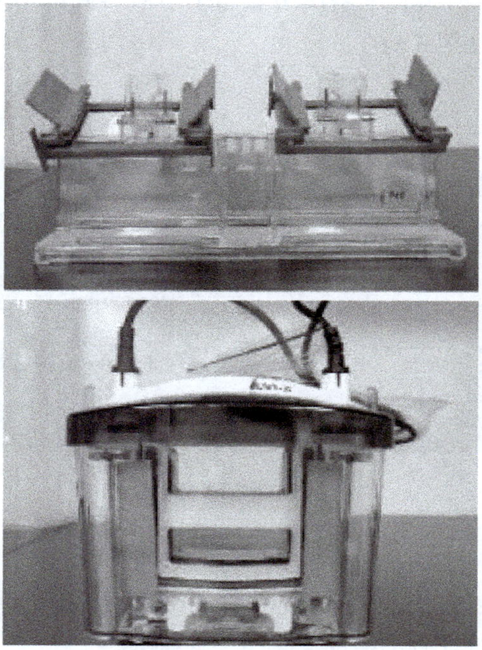

图 3－5 聚丙烯酰胺凝胶电泳装置

五、聚合酶链反应技术

聚合酶链反应（polymerase chain reaction，PCR）技术是指体外进行的由引物介导的酶促 DNA 扩增技术，具有高特异性、高灵敏度、高效率等特点，最大的特点是能将微量 DNA 大量增加。PCR 技术是很多研究的基础，在现代生物分子学中占有很高的地位。

【基本原理】

生物体的基因信息储存在 DNA 中，那么想探究生物遗传信息的奥秘就需要大量的 DNA。PCR 的原理就是在模板 DNA、PCR 引物、4 种脱氧核糖核苷酸（dNTP）及适当浓度的 Mg^{2+}存在的条件下，依赖于 DNA 聚合酶的体外酶促合成反应，合成大量 DNA 片段，与体内 DNA 复制的过程类似。

PCR 的实验原理可以简化为：变性、复性、碱基互补配对、半保留复制。PCR 的核心原理就是碱基互补配对原则。

【实验目的】

通过实验原理我们可以得知 PCR 仪可以像“DNA 复印机”一样实现对微量 DNA 片段的扩增，目前实验室多使用复制扩增后得到的 DNA 片段进行分析和分离目标 DNA 片段(图 3-6)。

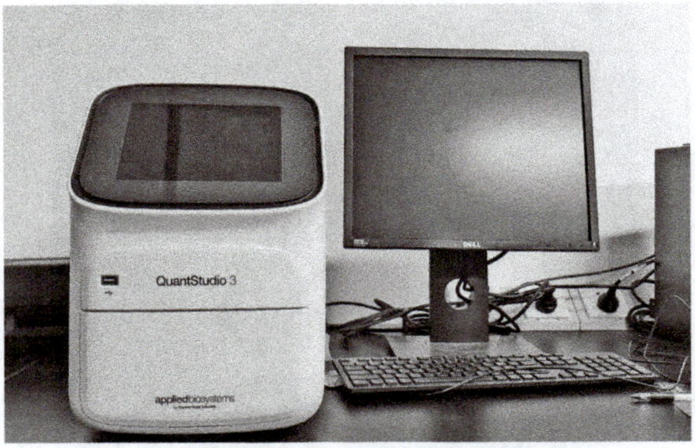

图 3-6　PCR 仪

【实验过程】

反应条件包括：模板、寡核苷酸引物、DNA 聚合酶、4 种脱氧核糖核苷酸原料、适宜的缓冲体系、适宜的温度。

（1）模板：可以是基因组、DNA、cDNA 等。

（2）寡核苷酸引物：可以保证扩增目的序列的特异性，可以与 DNA 聚合酶特异性结合。

（3）DNA 聚合酶：催化作用，可以复制需要扩增的区域，其中耐高温的 Taq 酶最为常见，其在 DNA 变性过程中仍具活性。

（4）4 种脱氧核苷酸：是反应的原材料，DNA 的基本组成单位。

（5）缓冲液：控制整个体系的 pH 和离子状态，提供适宜的反应环境。

（6）温度：PCR 的反应过程通过对温度条件的精确控制来完成，由一系列温度改变引起的变性→退火→延伸反复循环，使得 DNA 可以大量复制。变性的目的是在高温(95 ℃)下双链 DNA 模板双螺旋的氢键变性解链(解螺旋)，形成单链 DNA(此时解开的双链 DNA 不仅指加入的模板 DNA，还包括扩增出来的双链 DNA)。退火是将温度退至引物的 T_m 值以下时，引物可以与模板 DNA 互补结合，形成结合链。两个引物分别位于靶序列两端，同两条模板的 3′端互补，由此限定扩增片段。延伸的作用是在适中温度(70~74 ℃)下由 DNA 聚合酶催化，以引物3′端为起点向5′端方向用加入的4种DNA原材料进行DNA新链延伸。理论上，以上3个步骤一个循环，一个循环后就可以得到4条链，经过 n 次循环可使特定片段扩增到 2^n 倍，考虑到扩增效率达不到100%，所以通常经25~30次循环可扩增到 10^6 倍，足够后续实验展开。

【常见PCR技术】

目前生物分子学常用的PCR技术有以下几种：

1. 反转录PCR(reverse transcription PCR, RT-PCR) 实现了以mRNA为模板，在反转录酶作用下合成cDNA，之后再进行PCR扩增和后续分析的过程，该技术既可以将可分析的样本种类范围扩大到RNA之外，同时cDNA的存在稳定性也远远高于RNA。

2. 实时荧光定量PCR(real time fluorogenic quantitative PCR, real-time qPCR) 是指在PCR反应中加入荧光基团(探针或染料法)，通过连续监测荧光信号出现的先后顺序以及信号强弱的变化，即时分析目的基因的初始量(绝对定量和相对定量两种方法)，该技术的发明实现了PCR从定性到定量的飞跃(图3-7)。

图3-7 实时荧光定量PCR仪

思考题

(1) 影响琼脂糖凝胶电泳中DNA迁移率的因素有哪些？

(2) 影响PCR成功的因素有哪些？

(3) 如何设计PCR中的引物？

(刘龙华)

第四章

运动生物化学基础实验

【本章提要】

本章主要介绍运动生物化学基础实验，包括血糖、血乳酸、血尿素氮、酶活性等的测定，葡聚糖凝胶柱层析分离核黄素和血红蛋白，以及醋酸纤维素薄膜电泳分离血清蛋白。实验内容以验证性实验为主，每次实验突出一项实验技术，为后续开展综合实验和设计性实验夯实基础。

【学习目标】

理解运动生物化学基础实验的基本原理，掌握运动生物化学基础实验的基本操作及应用。

实验一　血糖的测定

【实验目的】

（1）熟悉氧化酶法测定血糖浓度的原理、方法及血糖在运动中的意义。

（2）掌握分光光度计和酶标仪的使用。

【实验原理】

葡萄糖在葡萄糖氧化酶（glucose oxidase，GOD）的作用下，与水反应生成葡萄糖酸和过氧化氢，过氧化氢和4-氨基安替比林及苯酚在过氧化物酶（peroxidase，POD）催化下进行反应生成红色醌类化合物，其颜色深浅与血糖浓度成正比。用分光光度技术将待测结果与相同处理的葡萄糖标准品进行比色，便可求得血糖浓度。

$$葡萄糖 + O_2 + H_2O \rightarrow 葡萄糖酸 + H_2O_2$$

$$H_2O_2 + 苯酚 + 4-氨基安替比林 \rightarrow 红色醌类化合物 + H_2O$$

【实验器材】

分光光度计、酶标仪、可调式微量移液器、恒温水浴箱、葡萄糖测试盒。

【操作步骤】

1. 方法一

(1) 取 3 支试管，分别标记为空白管、标准管和测定管。

(2) 按表 4－1 进行操作。

表 4－1　血糖测定试管加样量　　单位：mL

加　样	空 白 管	标 准 管	测 定 管
血清(浆)	/	/	0.02
葡萄糖标准品	/	0.02	/
蒸馏水	0.02	/	/
酶酚混合试剂	3.0	3.0	3.0

(3) 混匀，置 37 ℃水浴中保温 15 min。

(4) 使用分光光度计，波长为 505 nm，用蒸馏水调零，分别读取各管吸光度值。

2. 方法二

(1) 取 96 孔板，按表 4－2 进行操作。

表 4－2　血糖测定 96 孔板加样量　　单位：μL

加 入 物	空 白 孔	标 准 孔	测 定 孔
血清(浆)	/	/	3
葡萄糖标准品	/	3	/
蒸馏水	3	/	/
酶酚混合试剂	300	300	300

(2) 轻轻振荡孔板混匀后，37 ℃孵育 15 min。

(3) 波长为 505 nm 处，使用酶标仪测定各孔吸光度值(A)。

【计算】

血清(浆) 葡萄糖(mmol/L) = $(A_{测} - A_{空})/(A_{标} - A_{空}) \times C_{标准的浓度}$

【注意事项】

(1) 血清或血浆样本应尽快从样本中分离，防止红细胞发生糖酵解反应。

(2) 除血清或血浆样本外,还可以测试培养液、组织样本或细胞样本,但须做相应的前期处理。

【应用】

(一) 血糖与健康

血糖指血液中的葡萄糖,是表示体内糖代谢状况的一项重要指标。血糖正常值是指人空腹状况下的值,一般在 3.9~6.1 mmol/L(全血)或 3.9~6.9 mmol/L(血浆)。空腹血浆血糖超过 7.0 mmol/L 有可能是糖尿病,需要通过口服葡萄糖耐量试验(oral glucose tolerance test, OGTT)进一步判断。具体操作:先测试空腹静脉血糖值,口服 75 g 葡萄糖分别于 0.5 h、1 h 和 2 h 后测试静脉血糖值,绘制曲线。正常情况下口服葡萄糖后 0.5~1 h 达到高峰,2 h 左右降到 7.8 mmol/L 以下,3 h 左右回落到接近空腹血糖水平。通过空腹血糖和 OGTT 的测定结果,可以加以判定:

(1) 当空腹静脉血糖<6.1 mmol/L、OGTT 2 h 血糖<7.8 mmol/L 时,说明人体对进食葡萄糖后的血糖调节能力正常。

(2) 当空腹静脉血糖在 6.1~7.0 mmol/L 之间,且 OGTT 2 h 血糖≤7.8 mmol/L 时,说明人体对进食葡萄糖后的血糖调节能力尚好,但对空腹血糖调节能力轻度减退,可以诊断空腹血糖受损。

(3) 当空腹静脉血糖<7.0 mmol/L,且 OGTT 2 h 血糖在 7.8~11.1 mmol/L 之间,说明人体对葡萄糖的调节能力轻度下降,可以诊断糖耐量减低。

(4) 当空腹静脉血糖≥7.0 mmol/L 或 OGTT 2 h 血糖≥11.1 mmol/L,说明人体处理进食后葡萄糖的能力明显降低,可以确诊糖尿病。

血糖含量稳定对机体维持正常生命活动具有重要意义。糖尿病是最常见的糖代谢紊乱疾病,其特征是持续性高血糖和糖尿。糖尿病会带来多种并发症,如糖尿病性视网膜病变、糖尿病性周围神经病变、糖尿病性周围血管病变、糖尿病性肾病等。如果血糖浓度低于 2.8 mmol/L 则为低血糖,影响大脑正常功能,出现头晕、倦怠无力、心悸等,严重时发生低血糖昏迷甚至死亡。因此,血糖值对于治疗疾病和观察疾病有着重要指导意义。

(二) 血糖与运动

血糖是大脑的主要供能物质,用以维持中枢系统的正常机能。同时血糖还是红细胞唯一的能量来源。安静时运动员的空腹血糖含量与一般人无明显差异,运动时血糖含量的变化与运动强度、运动时间、营养状况、训练水平、情绪状态等情况有关。在运动中保持血糖稳定，对维持良好的运动能力十分重要。一般 1~2 min 短时间高强度运动时骨骼肌主要靠肌糖原酵解供能，血糖基本上不被利用，血糖浓度无明显变化。4~10 min 全力运动时血糖浓度明显上升，15~30 min 全力运动时肌肉吸收和利用血糖供能比率上升，血糖浓度回落。1~2 h 长时间运动至疲劳时，由于肌糖原大量消耗，骨骼肌吸收、利用血糖的速度接近最大值。血糖水平即使处在正常范围，也属于低限区间。超过 2~3 h 运动至疲劳时，如果没有外源糖补充，利用糖异生产生和输出的葡萄糖，已很难满足运动肌的需要，可能出现低血糖。运动 3 h 以上，血浆葡萄糖水平可低达 2.5 mmol/L，成为长时间运动能力的限制因素之一。因此，长时间运动中及时补糖是维持血糖浓度的重要措施。

思考题

（1）测定血糖浓度有何生理意义？

（2）血糖测定的注意事项都有哪些？

实验二　血乳酸的测定

【实验目的】

（1）掌握血乳酸含量测定的原理，了解血乳酸测定的常用方法及血乳酸测定在运动中的意义。

（2）掌握微量采血和血样本处理技术。

【实验原理】

以氧化型辅酶 I（NAD^+）为氢的接受体，乳酸脱氢酶（lactate dehydrogenase，LDH）将乳酸脱氢氧化成丙酮酸，同时 NAD^+ 转化成还原型辅酶I（$NADH \cdot H^+$）。其反应式为：

$$\text{乳酸} + NAD^+ \xrightarrow{LDH} \text{丙酮酸} + NADH + H^+$$

吩嗪硫酸甲酯（phenazine methosulfate，PMS）递氢使氯化硝基四氮唑蓝（nitro blue terazolium chloride，NBT）还原为紫色呈色物，呈色物的吸光度在

530 nm 时与乳酸含量呈线性关系。

【实验器材】

分光光度计、可调式微量移液器、恒温水浴箱、微量进样器、离心机、采血针、毛细管、便携式乳酸测定仪、乳酸试纸条、消毒棉球、乳酸测试盒。

【操作步骤】

1. 方法一：乳酸试剂盒操作法

(1) 微量血采集：成人常从指尖或耳垂微量采血。采血前采集血样者和被采血者洁净双手。安静状态下，先用75%乙醇棉球消毒被采血者中指指腹，待乙醇挥发后，用采血针刺 2 mm 左右。第一滴血用干棉球擦去不用，适度挤压出血后用抗凝毛细管进行血样收集。将毛细管一端置于血滴下缘，靠毛细作用吸入至刻度处。取无菌干棉球压迫止血。

(2) 血样本处理：将毛细管无刻度一端封闭后，放入离心机进行离心(转速 2 000 r/min，5 min)后，可见毛细管内血样分层，上层淡黄色透明液体为血浆，下层为红色的血细胞。用微量进样器取上层血浆 20 μL，此为运动前受试者安静状态下的样本。

(3) 运动：受试者进行 1 min 全力功率自行车或原地高抬腿运动，休息 10 min 后，按照步骤(1)和(2)采集和分离血样本。

(4) 测试：取试管 4 支，分别标明空白管、标准管、测定管 1 和测定管 2。然后按表 4－3 进行操作。

表 4－3　血乳酸测定试剂加样量　　单位：μL

加　样	空白管	标准管	测定管 1	测定管 2
蒸馏水	20	/	/	/
标准品	/	20	/	/
血浆	/	/	20(运动前)	20(运动后)
工作液	1 000	1 000	1 000	1 000
显色剂	200	200	200	200

37 ℃ 水浴 10 min 后，各管加入终止液 2 mL。使用分光光度计，波长为 530 nm，以蒸馏水调零，分别读取各管吸光度值(A)。

(5) 计算：血乳酸 $= (A_{测} - A_{空})/(A_{标} - A_{空}) \times C_{标准品浓度}$

(6) 比较运动前后血乳酸值的变化。

2. 方法二：便携式乳酸测定仪操作法

（1）运动前血乳酸的测试：采集受试者安静状态下的指尖血或耳垂血（见方法一）。将乳酸试纸条插入便携式乳酸测定仪的测试槽内，仪器自动开机，屏幕出现血滴闪烁图样。将血样滴在试纸条一端，读取安静状态血乳酸数值。

（2）运动后血乳酸的测试：受试者进行 1 min 全力功率自行车或原地高抬腿运动，休息 10 min 后，按照步骤（1）采集和测试血样本。读取运动后血乳酸数值。

（3）比较运动前后血乳酸值的变化。

【注意事项】

（1）血样采集时必须一人一针，以防交叉感染。

（2）血样采集时注意不要溶血。

（3）离心前注意封闭毛细管一端，以防离心时血样流失。

（4）微量进样器取上清液时注意不要伸入下层血细胞。

（5）酶工作液和显色剂现用现配，显色剂要避光。

（6）使用便携式乳酸测定仪时，只有插入未使用过的试纸条后，仪器才能自动开机。将用过的试纸条插入，屏幕会出现“错误”的提示。

【应用】

（一）血乳酸的来源

人体在安静状态下表皮、神经、视网膜、肾髓质等糖酵解代谢较活跃的组织产生的乳酸可以不同程度地释放到血液中，形成血乳酸。安静状态下，血乳酸的浓度为 1～2 mmol/L。当人体进行短时间高强度运动时，血乳酸值会快速升高，上升幅度与运动方式和运动强度有关。原因是短时间高强度运动主要由磷酸原和糖酵解系统供能，尤其当进行以糖酵解供能为主的运动时，肌糖原无氧分解产生的乳酸从肌肉中转运至血液导致人体血乳酸值上升。运动时乳酸主要在骨骼肌中产生，直接测试肌乳酸需要进行肌肉活检，存在一定的创伤性，在实际应用中受到很大限制。血液样本相对肌肉样本来说，取样方便，创伤程度轻。运动时血乳酸主要来自肌乳酸，因此，通常测定血乳酸的含量来间接反映肌肉乳酸的生成情况。

（二）血乳酸与运动

短时间高强度运动后，血乳酸最高值出现在运动结束后 10～12 min，原因在于运动时肌乳酸以生成为主，肌乳酸转运至血液主要集中在运动后。因此，短时间高强度运动结束后需要休息 10 min 左右采集血样，使血乳酸达到最大值。长时间（40 min 以上）或高强度持续时间较长的间歇运动时，肌乳酸可以在生成的同时转运到血液,运动结束后血乳酸达到峰值所需的时间相对较短。因此,可以在运动后即刻采集血样,测试血乳酸的浓度。

乳酸是糖酵解反应的产物,在以糖酵解供能为主的运动项目中,运动时间短,乳酸以生成为主。因此,短时间运动时乳酸生成越多,表明机体动用糖酵解的能力越强,有利于保持速度耐力,提高运动成绩。运动水平越高的运动员,表现为运动后血乳酸的水平越高。乳酸的消除与有氧代谢能力有关。有氧代谢水平越高,乳酸消除得越快。研究表明,运动员训练水平愈高,血乳酸的消除能力也愈强,有利于恢复。血乳酸的变化和运动时动用的能量系统有关。当磷酸原系统供能时血乳酸不超过 4 mmol/L,糖酵解系统供能时血乳酸达到 15 mmol/L,有氧系统供能时血乳酸浓度接近 4 mmol/L。

思考题

(1) 微量血样本采集和处理过程中有哪些注意事项?

(2) 如何设计运动方案使运动前后血乳酸有较大的变化幅度?

实验三 血尿素氮的测定

【实验目的】

(1) 熟悉酶偶联速率法测定血尿素氮(blood urea nitrogen, BUN)的基本原理、方法及其在运动中的意义。

(2) 掌握全自动生化分析仪的使用。

【实验原理】

尿素在脲酶的催化下水解生成氨和二氧化碳。氨在 α-酮戊二酸和还原型辅酶Ⅰ(NADH)存在下,经谷氨酸脱氢酶催化生成谷氨酸,同时 NADH 被氧化成 NAD^+。NADH 在 340 nm 波长下有吸收,其吸光度下降速率与样品中尿素含量成正比。通过分光光度计测定吸光度的变化,可以计算出样品中尿素的浓度。反应过程如下:

$$\text{尿素} + H_2O \rightarrow 2NH_3 + CO_2$$

$$NH_3 + \alpha\text{-酮戊二酸} + NADH \rightarrow \text{谷氨酸} + NAD^+$$

【实验材料】

1. 实验器材　全自动生化分析仪、分光光度计、恒温水浴箱、离心机、试管和移液器。

2. 试剂

(1) 脲酶试剂盒：包含脲酶、谷氨酸脱氢酶、NADH 等。

(2) 校准液：用于仪器校准，确保测试结果的准确性。

(3) 质控品：用于日常质控，确保检测过程的稳定性和可靠性。

(4) 清洗液：用于清洗仪器管路和比色皿，防止交叉污染。

【实验步骤】

1. 开机准备

(1) 打开电源：依次打开总电源、UPS 电源、分析部主电源、操作部显示器电源和操作部主机电源。

(2) 启动软件：开启操作部主机后，启动操作软件并输入用户名和密码登录。

2. 分析前准备

(1) 检查设备：确保各压力表在正常范围内，去离子水充足，废液管道无堵塞，废液桶已清空。

(2) 装载试剂：将脲酶试剂盒中的试剂装载到试剂盘上。

(3) 校准仪器：使用校准液进行仪器校准，确保检测结果准确。

3. 样品处理

(1) 样品准备：将血清样品离心分离，去除血细胞。

(2) 样品装载：将处理好的样品装载到样品架上。

4. 测试步骤

(1) 选择项目：在操作界面选择血尿素氮测试项目。

(2) 添加试剂：自动生化分析仪会自动将试剂和样品混合。

(3) 反应进行

1) 脲酶催化：尿素在脲酶的催化下水解生成氨和二氧化碳。

2) 谷氨酸脱氢酶反应：氨在 α-酮戊二酸和 NADH 存在下，经谷氨酸脱氢酶催化生成谷氨酸，同时 NADH 被氧化成 NAD^+。

(4) 测量吸光度：通过分光光度计测定 340 nm 波长下的吸光度。

5. 数据处理

(1) 结果计算：仪器根据吸光度计算出样品中尿素的浓度。

（2）结果输出：检测结果会自动记录并输出到实验报告中。

6. 关机

（1）保存试剂：将试剂盘内的试剂取出，放入冰箱或冷库保存。

（2）关闭电源：依次关闭操作部主机电源、操作部显示器电源、分析部电源、UPS电源和总电源。

【注意事项】

1. 试剂和样品准备

（1）试剂保存：试剂应储存在2~8 ℃的环境中，避免阳光直射和反复冻融。

（2）样品处理：血清样品应尽快离心分离，避免溶血或脂血对结果的干扰。

2. 仪器操作

（1）校准和质控：定期进行仪器校准和质控，确保检测结果的准确性。建议每30天进行一次校准，更换试剂批号时需要重新校准。

（2）温度控制：确保反应温度恒定在37 ℃，避免温度波动影响反应速度和结果。

3. 操作规范

（1）避免交叉污染：使用一次性吸头，避免样品和试剂之间的交叉污染。

（2）定期维护：定期清洗和维护仪器，确保各部件正常运行。

4. 数据处理

（1）结果复核：对异常结果进行复核，确保数据的准确性。

（2）数据保存：及时保存和备份检测数据，防止数据丢失。

5. 安全操作

（1）防护措施：操作过程中佩戴防护手套和实验服，避免试剂和样品接触皮肤。

（2）废液处理：按照规定处理废液，避免环境污染。

【应用】

（一）血尿素氮与健康

1. 血尿素氮的作用

（1）蛋白质代谢产物：尿素是蛋白质分解代谢的终产物，通过肝脏生成并经肾脏排出体外。

（2）肾功能指标：血尿素氮水平可以反映肾脏的滤过功能，肾功能不全时血尿素氮水平会升高。

2. 血尿素氮水平与健康

（1）正常范围：成人的血尿素氮正常范围一般为 2.5~7.1 mmol/L（7~20 mg/dL）。

（2）升高的原因：高蛋白饮食、脱水、消化道出血、创伤、感染、发热、营养不良或使用类固醇药物等情况会导致血尿素氮水平升高。

（3）降低的原因：低蛋白饮食、肝功能衰竭、过度水化等情况会导致血尿素氮水平降低。

3. 高血尿素氮的风险

（1）肾功能不全：血尿素氮水平升高可能提示急性或慢性肾功能不全。

（2）代谢紊乱：高血尿素氮水平可能与代谢紊乱相关，如高蛋白分解状态。

（二）血尿素氮与运动

血尿素氮是反映身体机能和竞技状态的重要指标，也是评价运动负荷量较敏感的生化指标，在运动训练监控和机能评定中应用广泛。

（1）增加血尿素氮水平：在高强度或长时间的运动中，蛋白质和氨基酸的分解代谢加强，导致尿素生成增多，从而使血尿素氮水平升高。

（2）运动负荷评估：血尿素氮水平的变化可以用来评估运动负荷量和强度。一般来说，运动前后血尿素氮水平的变化越大，运动负荷量越大。

（3）恢复期：运动后血尿素氮水平的恢复速度与个体的训练水平和身体适应性有关。训练水平高的运动员恢复较快。

思考题

（1）酶偶联速率法测定血尿素氮的原理是什么？

（2）血尿素氮的测定在临床和运动实践中的意义都有哪些？

实验四　唾液淀粉酶活性的测定

【实验目的】

（1）通过唾液淀粉酶水解淀粉的实验，了解酶对底物的催化活性以及影响因素。

（2）掌握唾液的制备。

【实验原理】

淀粉酶能催化淀粉水解，产物是具有还原性的麦芽糖，能使本尼迪克特试剂（也称班氏试剂）中的 Cu^{2+} 还原成 Cu^{+}，即生成砖红色的氧化亚铜（Cu_2O）。但淀粉酶不能催化蔗糖水解，而蔗糖本身又无还原性，所以不能与班氏试剂发生呈色反应。

唾液淀粉酶对淀粉的水解过程是"淀粉→糊精→麦芽糖"，淀粉和糊精遇碘溶液可产生蓝色和紫红色，而麦芽糖遇碘不显色。根据不同颜色的变化，可了解淀粉酶水解淀粉的程度。

通过实验观察酶的专一性，温度、pH、激动剂和抑制剂对酶促反应的影响，以此了解酶作用的条件。

【实验材料】

试管、恒温水浴箱、滴管、稀释唾液、蔗糖溶液、班氏试剂、0.05%碘液、0.1 mol/L PBS（pH 3.0、pH 6.8、pH 8.0）、1%淀粉溶液、1% NaCl 溶液、1% $CuSO_4$ 溶液、1% Na_2SO_4溶液。

【操作步骤】

1. 制备唾液　实验者先用蒸馏水漱口（洗涤口腔，除去食物残渣）。然后含一口蒸馏水（约 20 mL），做充分咀嚼运动 2 min 后吐入烧杯中。滤纸过滤后待用。从过滤后的唾液中，取出一部分用蒸馏水稀释，倍数自定；另外取出少量加热煮沸，制备出煮沸唾液。

2. 酶的专一性测定　取 3 支试管，分别标记为 1 号、2 号和 3 号，按表 4－4 进行操作。

表 4－4　酶的专一性测定试管加样要求　　单位：μL

加　　样	试管 1	试管 2	试管 3
PBS（pH 6.8）	800	800	800
1%淀粉溶液	800	/	800
1%蔗糖溶液	/	800	/
稀释唾液	400	400	/
煮沸唾液	/	/	400
37 ℃水浴 10 min			
班氏试剂	800	800	800
沸水浴 10 min 后，观察结果			

3. 温度对酶活性的影响　取 3 支试管，分别做好标记，按表 4－5 进行操作。

表 4－5　温度对酶活性影响测定试管加样要求　　单位：μL

加　样	试管 1	试管 2	试管 3
PBS(pH 6.8)	400	400	400
稀释唾液	200	200	200
蒸馏水	1 000	1 000	1 000
水浴 5 min	0 ℃	37 ℃	100 ℃
1%淀粉溶液	400	400	400
水浴 5 min	0 ℃	37 ℃	100 ℃
放冰上 2 min 后，加碘液 300 μL 后，观察结果			

4. 酸碱度对酶活性的影响　取 3 支试管，分别做好标记，按表 4－6 进行操作。

表 4－6　酸碱度对酶活性影响测定试管加样要求　　单位：μL

加　样	试管 1	试管 2	试管 3
PBS	400(pH 3.0)	400(pH 6.8)	400(pH 8.0)
1%淀粉溶液	400	400	400
蒸馏水	1 000	1 000	1 000
冰浴冷却 2 min			
稀释唾液	400	400	400
37 ℃水浴 10 min 后，加碘液 300 μL，观察结果			

5. 激活剂和抑制剂对酶活性的影响　取 4 支试管，分别做好标记，按表 4－7 进行操作。

表 4－7　激活剂和抑制剂对酶活性影响测定试管加样要求　　单位：μL

加　样	试管 1	试管 2	试管 3	试管 4
淀粉溶液	800	800	800	800
1% NaCl	1 000	/	/	/
1% $CuSO_4$	/	1 000	/	/
1% Na_2SO_4	/	/	1 000	/

续 表

加　　样	试管 1	试管 2	试管 3	试管 4
蒸馏水	/	/		1 000
稀释唾液	400	400	400	400
37 ℃水浴 10 min 后,放冰浴冷却 2 min,加碘液 300 μL,观察结果				

【注意事项】

（1）淀粉溶液容易分层,使用前要充分摇匀,防止上层仅为水溶液。

（2）唾液制备过程中,需要充分咀嚼以获取更多的唾液。

【应用】

酶是具有催化功能的蛋白质,通常将酶所催化的反应称为酶促反应。酶催化反应的特点是高效性、高度专一性、不稳定性和可调控性。酶的本质是蛋白质,凡是影响蛋白质理化性质的因素都会影响酶的结构和性质,进而影响酶的功能。酶活性是指酶所具有的催化能力,用来衡量酶催化反应能力的大小。影响酶活性的因素主要有酶的浓度、底物浓度、产物浓度、温度、环境的酸碱度以及激活剂和抑制剂等。温度对酶的影响具有双重作用：一方面,温度升高可以加速酶促反应的速度;另一方面酶是蛋白质,温度升高会加速酶蛋白的变性。通常将酶反应速度达到最大值时所对应的温度称酶促反应的最适温度。人体内酶的最适温度接近体温,一般为 37~40 ℃。当温度接近 100 ℃时,酶的催化作用完全丧失。酶也有最适 pH,在最适 pH 范围内酶的催化能力最大,大于或小于最适 pH,都会降低酶活性。人体大部分酶的最适 pH 为 6.5~8.0,近于中性,少数酶例外。有些物质能增强酶的活性,称为酶的激活剂。激活剂大多数为金属离子,少数为阴离子,如 Cl^- 能增强唾液淀粉酶的活性。抑制剂则与酶结合使酶催化活性降低或丧失,降低酶促反应速度,但不引起酶蛋白变性。

因此,酶促反应需在常温、常压、pH 接近中性的温和条件下进行。也只有在适宜条件下,酶的催化活性才能达到最大。利用酶的上述特征,可以对酶的活性加以调控,以适应内外环境的变化。

思考题

（1）酶活性测定中为什么要有冰浴这个步骤?

（2）酶活性测定中有哪些注意事项？

实验五　肌酸激酶活性的测定

【实验目的】

（1）掌握肌酸激酶活性测定的原理和方法。

（2）掌握标准曲线的制作方法。

【实验原理】

肌酸激酶（creatine kinase，CK）催化三磷酸腺苷（adenosine triphosphate，ATP）和肌酸（creatine，C）生成磷酸肌酸（creatine phosphate，CP），后者很快全部水解为磷酸。加入钼酸胺可以生成钼酸，再进一步还原生成钼蓝，根据生成无机磷的量可算出酶的活力。

【实验器材】

分光光度计、可调式微量移液器、恒温水浴箱、试管、肌酸激酶测定试剂盒。

【操作步骤】

1. 标准曲线的制作

（1）取CK标准品（70 U/支），用双蒸水溶解并稀释成0.175 U/mL、0.350 U/mL、0.700 U/mL、1.050 U/mL、1.400 U/mL、1.750 U/mL、2.100 U/mL、2.450 U/mL、2.800 U/mL、3.150 U/mL、3.500 U/mL。按照说明书要求配制好混合试剂和定磷剂。

（2）按表4－8进行操作。

表4－8　CK标准曲线制作试管加样要求　　单位：μL

加　样	测定管	对照管
CK标准	20	/
混合试剂（已预温）	300	300
混匀，37 ℃水浴20 min		
试剂6	100	100
CK标准	/	20
混匀，离心3 500 r/min×10 min，取上清液定磷		

续 表

加　　样	测定管	对照管
上清液	300	300
定磷剂	2 000	2 000
混匀,45 ℃水浴 15 min 后,波长 660 nm,双蒸水调零,测定各管吸光度		

(3) 计算每个 CK 标准品浓度对应的绝对 OD 值,绝对 OD 值=测定 OD 值−对照 OD 值。

(4) 以绝对OD值为横坐标,CK标准品浓度(U/mL)为纵坐标,作CK标准曲线。

2. 样本 CK 活性测定

(1) 按表 4−9 进行操作。

表 4−9　CK 活性测定试管加样要求　　单位: μL

加　　样	测定管	对照管
待测样本	20	/
混合试剂(已预温)	300	300
混匀,37 ℃水浴 20 min		
试剂 6	100	100
待测样本	/	20
混匀,离心 3 500 r/min×10 min,取上清液定磷		
上清液	300	300
定磷剂	2 000	2 000
混匀,45 ℃水浴 15 min 后,波长 660 nm,双蒸水调零,测定各管吸光度		

(2) 计算待测样本的绝对 OD 值=测定 OD 值−对照 OD 值,根据标准曲线查找 CK 活性。

【注意事项】

(1) 所有试剂现用现配,混合试剂需 37 ℃预温 5 min 后再用。

(2) 所有样品均需要检测测定管和对照管。

(3) 所有试管不能有磷的污染,包括磷酸盐缓冲液。

【应用】

(一) 血清酶的作用

人体大多数酶存在于细胞内发挥催化作用,那些存在于血液中的酶,被称为血浆酶或血清酶。血清酶分为两种：① 功能性的血清酶；② 非功能性的血清酶。功能性的血清酶在血液中发挥着重要的催化功能，例如凝血酶原使纤维蛋白原转变为纤维蛋白，促进凝血作用。除此之外，血液中还存在多种非功能性酶，它们来源于机体各组织器官的细胞，在血液中不起催化作用，反映有关脏器细胞被破坏或病变的情况。

正常情况下，组织细胞中的酶类随细胞不断地更新或破坏，而释出少量进入血液，形成血清酶。这些酶类主要包括肌酸激酶、乳酸脱氢酶、谷草转氨酶、谷丙转氨酶等。肌酸激酶主要存在于肝脏、骨骼肌、心肌和大脑等，正常情况下血清中肌酸激酶活力比较低。安静时血清 CK 数值男性为 10~100 U/L，女性为 10~60 U/L。当机体发生肌肉损伤、脑血管意外、某些感染性疾病时血清 CK 活性会增加。如急性心肌梗死发作时，CK 在发病 2~4 h 开始升高，12~48 h 达到峰值，2~4 d 恢复正常，其升高程度与心肌损伤的程度基本一致，结合其他指标的监测有助于心肌梗死的病情观察和预后估计。

（二）血清 CK 与运动

激烈运动时机体遭受强烈刺激，血清 CK 活性会增加。原因在于剧烈运动中肌纤维收缩产生的牵拉能提高细胞膜的通透性，促使酶释放入血。运动引起局部组织细胞损伤，也可使酶逸出增加，引起血清酶活性增高。其中运动时细胞膜通透性增大，是血清酶浓度升高的主要原因之一。

运动训练可引起血清 CK 浓度升高，运动强度和运动量都对血清 CK 活性有影响。一般认为，负荷强度的影响大于负荷量，当负荷强度和量都大时，其酶活性升高最明显。长时间激烈运动后，血清 CK 活性一般在 0~2 h 内轻度增加，6~8 h 明显升高，16~24 h 达到峰值，持续 48~96 h 恢复到运动前水平。在短时间极量运动后，血清 CK 在 5~6 h 升高，8~24 h 达到峰值，48 h 以后逐渐恢复。在持续时间较短、强度又不大的运动后，血清 CK 活性变化不大。在较大强度运动后血清 CK 的活性可增至 100~200 U/L。极量运动后可达到 500 U/L，甚至是 700~800 U/L。

个体的血清 CK 活性值差异较大，比较使用时应注意。对于训练水平高的运动员在完成相同运动负荷时，血清 CK 活性升高幅度小于训练水平低的运动员；当运动员身体机能状态下降时，完成相同的运动负荷后，血清 CK 活性升高幅度增大，而身体机能状态恢复时，完成相同运动负荷后血清 CK 升高幅度降低。另外，骨骼肌损伤时血清 CK 会增加。

因此，血清 CK 活性变化是评价运动负荷强度、骨骼肌微细损伤及其适应与恢复的敏感生化指标。

思考题

（1）如何制作标准曲线？

（2）测定血清肌酸激酶在运动实践中有何意义？

实验六　睾酮的测定

【实验目的】

掌握化学发光免疫分析法测定睾酮（testosterone，T）的原理、基本流程及结果的判定，以及其临床和运动实践中的应用。

【实验原理】

贝克曼化学发光分析仪测试睾酮的原理主要基于化学发光免疫分析法。反应过程如下。

1. 样本处理

（1）样本中的睾酮从性激素结合球蛋白（sex hormone binding globulin，SHBG）中释放出来。

（2）样本与小鼠单克隆抗睾酮抗体、睾酮碱性磷酸酶结合物以及包被着山羊抗小鼠多克隆抗体的顺磁性微粒一起添加到反应管中。

2. 竞争结合反应

（1）样本中的睾酮与睾酮碱性磷酸酶结合物争夺有限的特异抗睾酮单克隆抗体上的结合位点。

（2）捕获抗体将生成的抗原抗体复合物结合在固相上。

3. 洗涤和发光反应

（1）反应管内温育完成后，结合在固相上的物质置于磁场内被吸住，未结合的物质被冲洗除去。

（2）加入化学发光底物 Lumi－Phos* 530，碱性磷酸酶催化底物发光。

4. 检测和计算

（1）照度计测量反应中产生的光，光量与样本内睾酮的浓度成反比。

（2）样本内分析物的量由储存的多点校准曲线来确定。

【实验材料】

（1）贝克曼化学发光分析仪。

（2）睾酮测定试剂盒（包括样本处理液、小鼠单克隆抗睾酮抗体、睾酮碱性磷酸酶结合物、顺磁性微粒等）。

（3）样本架和反应管。

（4）化学发光底物（如 Lumi－Phos* 530）。

【实验步骤】

1. 样本准备

（1）将样本（血清或血浆）放入样本架。

（2）确保样本无污染，并标记清楚。

2. 试剂准备

准备好睾酮测定试剂盒，包括样本处理液、小鼠单克隆抗睾酮抗体、睾酮碱性磷酸酶结合物、包被山羊抗小鼠多克隆抗体的顺磁性微粒。

3. 仪器设置

（1）打开贝克曼化学发光分析仪，启动操作软件。

（2）选择相应的测试项目（睾酮测定），并进行参数设置。

4. 样本加载

（1）将样本和试剂依次加入反应管中。

（2）样本与试剂在反应管中混合，并进行温育。

5. 反应和检测

（1）反应管内的物质在磁场内被吸住，未结合的物质被冲洗除去。

（2）加入化学发光底物 Lumi－Phos* 530，碱性磷酸酶催化底物发光。

（3）照度计测量反应中产生的光，光量与样本内睾酮的浓度成反比。

6. 结果处理

（1）仪器自动生成测试结果。

（2）结果可通过操作软件查看和导出。

【注意事项】

1. 样本处理

（1）样本类型：确保使用合适的样本类型（血清或血浆），并避免溶血、脂血或黄疸样本。

(2) 样本保存：样本应在2~8 ℃下保存，若需长期保存，应冷冻至-20 ℃以下。

2. 试剂准备

(1) 试剂储存：所有试剂应按说明书要求储存，通常在2~10 ℃下冷藏。

(2) 试剂有效期：确保使用的试剂在有效期内，过期试剂可能影响测试结果。

3. 仪器操作

(1) 校准和质控：定期进行仪器校准和质控，确保测试结果的准确性。

(2) 温育时间：严格按照说明书规定的温育时间进行操作，避免温育不足或过度。

4. 安全操作

(1) 防护措施：操作过程中应佩戴适当的个人防护装备，如手套和实验服。

(2) 废弃物处理：试剂和样本废弃物应按生物危害废弃物处理规定进行处理。

5. 数据处理　测试结果应与质控品结果进行比对，确保结果的可靠性。

【应用】

(一) 睾酮与健康

1. 睾酮的功能

(1) 肌肉和骨骼：睾酮有助于增加肌肉质量和力量，维持骨密度，预防骨质疏松。

(2) 脂肪分布：睾酮影响体内脂肪的分布，减少内脏脂肪，预防肥胖。

(3) 红细胞生成：睾酮促进红细胞的生成，帮助维持血液的携氧能力。

(4) 情绪和认知：睾酮水平影响情绪和认知功能，低睾酮水平可能导致抑郁、焦虑和记忆力减退。

(5) 睾酮水平的变化：随着年龄的增长，男性的睾酮水平会逐渐下降，通常在30岁以后每年下降约1%。这种下降可能导致性欲减退、肌肉质量减少、体脂增加和骨密度降低等问题。

2. 睾酮补充治疗　对于睾酮水平低下的男性，睾酮补充治疗可以带来多方面的益处，包括改善性功能、增加肌肉质量、减少脂肪和提高骨密度。然而，睾酮补充治疗也存在一些风险，如增加前列腺疾病、心血管疾病和睡眠呼吸暂停的风险。

3. 非药物提高睾酮水平的方法

(1) 饮食：多摄入富含锌和维生素D的食物，如牡蛎、海鱼、牛肉和鸡蛋。

(2) 运动：特别是抗阻训练(如举重)，有助于提高睾酮水平。

(3) 充足睡眠：保证每晚7~8 h的高质量睡眠。

（4）减轻压力：通过冥想、瑜伽等方法减轻压力，有助于维持健康的睾酮水平。

（二）睾酮与运动

1. 运动对睾酮的影响

（1）急性反应

1）高强度抗阻训练：短时间的高强度抗阻训练（如举重、深蹲）会导致睾酮水平短暂升高。这种升高通常在训练后 15～30 min 内达到峰值，然后逐渐恢复到基线水平。

2）有氧运动：中等强度的有氧运动（如跑步、游泳）也会导致睾酮水平升高，但效果不如抗阻训练明显。长时间的高强度有氧运动（如马拉松）可能会导致睾酮水平下降。

（2）长期影响

1）力量训练：长期的力量训练可以提高基础睾酮水平，特别是在未训练个体中。然而，训练适应性较高的个体可能不会出现显著变化。

2）耐力训练：长期的耐力训练对睾酮水平的影响较小，甚至可能导致睾酮水平略微下降。

（3）训练类型和强度

1）大肌群训练：大肌群（如腿部）训练比小肌群训练更能显著提高睾酮水平。

2）训练量和间歇时间：较大的训练量和较短的间歇时间（如高强度间歇训练）更能刺激睾酮分泌。

2. 实际应用

（1）运动员监测：过度训练会导致睾酮水平下降。通过监测睾酮水平，运动员和教练可以调整训练计划，优化训练效果，预防过度训练和运动损伤。

（2）运动医学：在运动医学中，睾酮水平的监测有助于诊断和管理运动相关的健康问题。

思考题

（1）使用化学发光分析仪测试睾酮的原理是什么？

（2）睾酮在运动实践中有哪些意义？

实验七　皮质醇的测定

【实验目的】

熟悉荧光偏振免疫(fluorescence polarization immunoassay, FPIA)测定皮质醇(cortisol, C)的原理和实际应用;了解荧光偏振免疫测定仪器的主要组成和技术操作流程。

【实验原理】

1. 荧光标记　将皮质醇或类似物质标记上荧光染料。

2. 竞争反应　在检测过程中,标记的皮质醇与样本中的未标记皮质醇竞争与特异性抗体结合。

3. 荧光偏振　荧光染料在蓝光(485 nm)照射下被激发,发出偏振荧光(525 nm)。荧光分子的旋转速度与其大小成反比。

4. 信号检测　当标记的皮质醇与抗体结合时,形成大分子复合物,旋转速度较慢,偏振荧光强度较高。反之,未标记的皮质醇浓度高时,标记的皮质醇与抗体结合较少,旋转速度较快,偏振荧光强度较低。

【实验材料】

1. 仪器　AxSYM 高效能全自动免疫分析仪等。

2. 试剂　AxSYM 皮质醇测定试剂盒,试剂盒组分如下。① 试剂瓶 1(14.5 mL/瓶):羊多克隆皮质醇抗体、PBS、蛋白质稳定剂、叠氮化钠。② 试剂瓶 2 预处理液(8.6 mL/瓶):含表面活性剂的 Tris 缓冲液、叠氮化钠。③ 试剂瓶 3(15.1 mL/瓶):荧光素标记的皮质醇、含表面活性剂的 Tris 缓冲液、叠氮化钠等。

3. 其他试剂与用品　① 探针清洗液:220 mL/瓶,含 2% 羟化四乙铵。② 4 号液:Line 稀释液 10 L/瓶,含 0.1 mol/L PBS、叠氮化钠和抗生素。③ RV 杯、一次性使用样品杯等。

【实验步骤】

1. 制作标准曲线　当更换试剂批号、仪器进行全面保养、仪器校准、仪器的重要零件更换后或室内质控失控时,需要对该批试剂所用标准曲线进行一次校准。

(1) 校准品。

（2）校准类型和校准点数目：非线性模式，仪器根据校准曲线卡片数据（4 参数对数拟合曲线）自动建立标准曲线。

2. 标本检测步骤　装载试剂→进行校准→质控测定→输入检测项目→加载标本→标本测定→结果复核→报告。现以 AxSYM 高效能全自动免疫分析仪为例，图解荧光偏振免疫测定系统的基本技术流程（图 4－1），具体操作步骤参照标准操作规程。

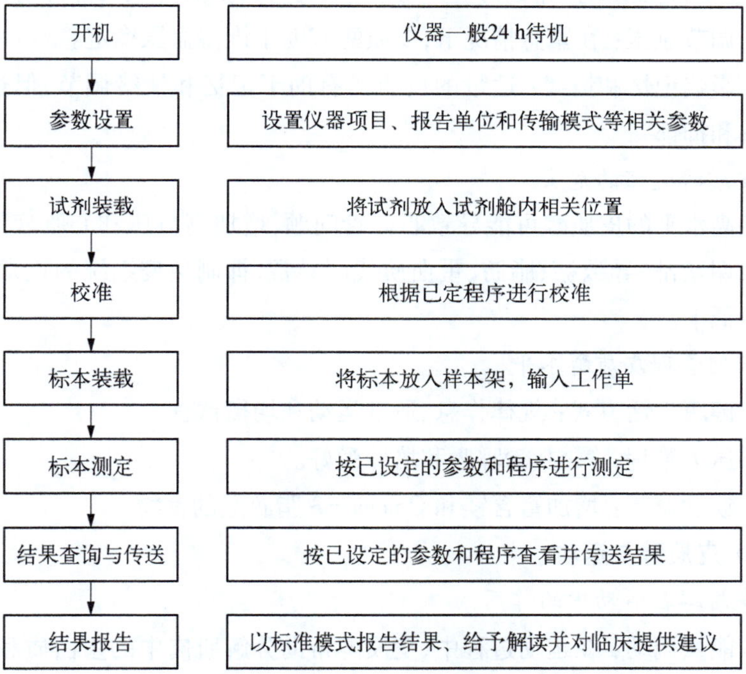

图 4－1　荧光偏振免疫测定系统的基本技术流程

3. 结果判定　仪器根据校准曲线自动给出每个标本测定结果。

参考范围：① 上午血清：87～224 μg/L（240～618 nmol/L）；② 下午血清：<100 μg/L（276 nmol/L）。

【注意事项】

（1）FPIA 结果的好坏取决于荧光素标记的好坏、激光态荧光的平均寿命、抗原的相对分子质量和复合物的特性等因素。

（2）为提高 FPIA 的灵敏度，可用除蛋白质剂对标本进行预处理，去除干扰成分。

【应用】

（一）皮质醇与健康

皮质醇是一种由肾上腺分泌的激素，通常被称为“压力荷尔蒙”。它在应对压力时发挥重要作用，但也与多种健康问题相关。

1. 皮质醇的作用

（1）调节血糖：皮质醇可以增加血糖水平，为身体提供能量。

（2）影响免疫系统：帮助对抗炎症和感染，但长期高水平时可能抑制免疫功能。

（3）调节血压：在紧急情况下，皮质醇有助于维持血压稳定。

（4）影响记忆和情绪：适量的皮质醇有助于记忆和情绪调节，但过多可能导致焦虑和抑郁。

2. 皮质醇失衡的危害

长期高水平的皮质醇可能导致心血管问题，增加高血压和心脏病风险。同时引起代谢紊乱，导致糖、脂肪、蛋白质代谢异常，抑制免疫系统的正常功能，造成免疫力低下。

3. 如何管理皮质醇水平

（1）健康生活方式：规律作息、适度运动和均衡饮食。

（2）压力管理：冥想、深呼吸和培养爱好。

（3）饮食调节：增加富含镁和 Omega-3 脂肪酸的食物。

（二）皮质醇与运动

1. 皮质醇在运动中的作用

（1）能量调动：在运动过程中，皮质醇帮助分解肌肉中的蛋白质和脂肪，转化为葡萄糖，为肌肉提供能量。

（2）应对压力：运动是一种生理应激反应，皮质醇的分泌有助于身体应对这种压力。

（3）调节代谢：皮质醇在调节血糖水平和代谢过程中起到重要作用，确保身体在运动时有足够的能量。

2. 皮质醇与运动强度

（1）高强度运动：如冲刺或举重，会显著增加皮质醇水平。这种短期的升高有助于提高运动表现和能量供应。

（2）低强度运动：如步行、瑜伽或太极，皮质醇水平变化较小，有助于保持其在正常范围内。

思考题

（1）使用荧光偏振免疫测试皮质醇的原理是什么？

（2）皮质醇在运动实践中有哪些意义？

实验八　葡聚糖凝胶柱层析分离核黄素和血红蛋白

【实验目的】

（1）了解凝胶层析的基本原理。

（2）掌握葡聚糖凝胶柱层析的操作技术，掌握组分的洗脱与鉴定。

【实验原理】

凝胶层析又称分子排阻层析或凝胶过滤，是以被分离物质的分子量差异为基础的一种层析分离技术（图 4－2）。由于凝胶颗粒内部的网络结构具有分子筛作用，分子大小不同的溶质受到不同的阻滞作用而在层析柱中以不同的速度移动。小分子物质可进入凝胶颗粒内部，流程长，流动慢；大分子物质不能进入凝胶颗粒内部，流程短，流动快，由此达到分离目的。本实验中血红蛋白的分子量是 64 500 Da；维生素 B_2 又称核黄素，分子量为 376.36 Da。二者分子量相差较大。血红蛋白分子量大，不易渗入网络，被排阻在凝胶颗粒之外，所受阻滞作用

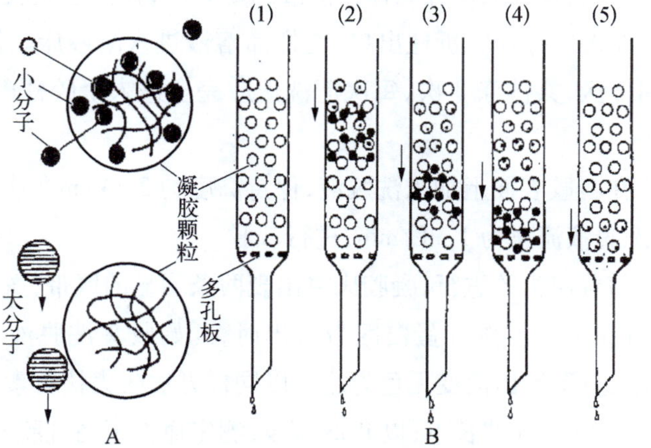

图 4－2　凝胶层析的原理

小,先流出层析床;核黄素分子量小,能渗透到网络内部,洗脱流程长,所受阻滞作用大,后流出层析床,达到分级分离的目的。

【实验仪器和试剂】

(1) 层析柱(1×20 cm)附有一小段乳胶管及螺旋夹,刻度试管,分光光度计,下口瓶,锥形瓶,刻度吸管,滴管,坐标纸。

(2) 葡聚糖凝胶 sephadexG－25,核黄素饱和水溶液,血红蛋白溶液,0.1 mol/L pH 为 7.2 的磷酸盐缓冲液(phosphate buffered saline, PBS)。

【实验步骤】

1. 凝胶的制备　称取 SephadexG－25 5 g,加 PBS 50 mL,置沸水浴中溶胀 2 h,用 PBS 漂洗,去除漂浮的细小颗粒。

2. 装柱

(1) 将层析柱下口连接的乳胶管用螺旋夹夹住,用细玻璃棒将凝胶颗粒搅成悬液,用玻璃棒沿层析柱内壁缓缓注入层析柱中。

(2) 凝胶颗粒沉积约为 2 cm 高时,松开螺旋夹,使缓冲液缓缓流出,同时继续注入凝胶悬液,掌握注入速度,使其与缓冲液流出速度大体相同。直至凝胶床高度达 18 cm 时为止,关闭层析柱出口。要求凝胶床无气泡,无断层,表面平整。凝胶床表面要保留约 1 cm 高的缓冲液。

3. 制样　将血红蛋白溶液稀释 2 倍,再与核黄素饱和水溶液以 1∶1 混匀后上样。

4. 加样　打开层析柱出口,使缓冲液缓缓流出,当液面与凝胶床表面平齐时,关闭出口。用滴管吸取待分离样品溶液约 0.5 mL,在接近凝胶床表面处沿层析柱内壁缓缓加入。打开层析柱出口,使样品溶液进入凝胶床。用少量洗脱液清洗层析柱加样区,共洗涤 3 次,每次清洗液应完全进入凝胶柱内后,再进行下一次洗涤。

5. 层析　在凝胶表面上加入洗脱液,保持高度为 3~4 cm。连接好凝胶柱层析系统,调节洗脱液流速为 1 mL/min,进行洗脱。

6. 收集　随着层析的进行,凝胶床将出现两条明显的区带,血红蛋白区带在下,核黄素区带在上。当血红蛋白区带流出时,开始收集洗脱液。每管收集约 3 mL,连续收集,直至流出液变无色为止。以同样方法收集核黄素。

7. 测定　在 540 nm 波长下,以 PBS 调零,测定血红蛋白洗脱液各管吸光度。在 450 nm 波长下,以 PBS 调零,测定核黄素洗脱液各管吸光度。以管号为横坐标,吸光度为纵坐标,绘制洗脱曲线。

8. 凝胶回收 用3倍柱床体积的洗脱液冲洗凝胶,将凝胶回收后需用防腐剂加以保存。

【注意事项】

(1) 层析柱填充时要连续,避免断层和出现气泡。

(2) 层析柱内的凝胶不能干燥,凝胶床表面必须要有缓冲液覆盖,不能直接暴露于空气中。

(3) 凝胶柱的高度至少要填充至1/2,否则柱长不够,无法有效分离。

【应用】

葡聚糖凝胶是由直链的葡聚糖分子和交联剂3-氯-1,2-环氧丙烷交联而成的具有多孔网状结构的高分子化合物。凝胶颗粒中网孔的大小可通过调节葡聚糖和交联剂的比例来控制,交联度越大,网孔结构越紧密;交联度越小,网孔结构就越疏松。网孔的大小决定了被分离物质能够自由出入凝胶内部的分子量范围从几百到几十万不等。凝胶分子中具有许多亲水基团,吸水后使它的网孔张开,这些网孔能把水溶液中不同大小分子量的溶质区分开来,起到"分子筛"的功能。分子筛必须具备以下条件: ① 惰性;② 不溶于水;③ 能高度水化。

凝胶层析是一种物理分离法。葡聚糖凝胶基本上不带电荷呈多惰性,不与被分离物质发生反应,所以分离的效果较好。

思考题

(1) 凝胶装柱时有哪些环节需要加以注意?

(2) 如何分析血红蛋白和核黄素的洗脱曲线?

实验九 醋酸纤维素薄膜电泳分离血清蛋白

【实验目的】

(1) 了解醋酸纤维素薄膜电泳的基本原理。

（2）掌握电泳分离血清蛋白的方法。

【实验原理】

带电粒子在电场中向与其电性相反的电极方向移动的现象称为电泳。血清中各种蛋白质的等电点在pH 4.0~7.3之间，在pH 8.6的缓冲溶液中均带负电荷，在电场中向正极移动。各种蛋白质的等电点不同，带电荷多少不等，以及分子量不同，导致移动速度不一。分子量大而带电荷少者移动速度较慢，分子量小而带电荷多者移动较快。用醋酸纤维素薄膜作为支持物进行电泳，是分离血清蛋白的一项准确且常用的技术。该膜渗透性强，对分子移动的阻力很弱，具有微量快速、简便易行，分辨力高等优点，现已广泛用于血清蛋白、糖蛋白、脂蛋白、血红蛋白、酶的分离和免疫电泳等方面。经醋酸纤维素薄膜电泳可将血清蛋白按移动速度快慢分为5条区带，依次为白蛋白、α_1球蛋白、α_2球蛋白、β球蛋白及γ球蛋白，经染色可计算出各蛋白质的百分含量（图4－3）。

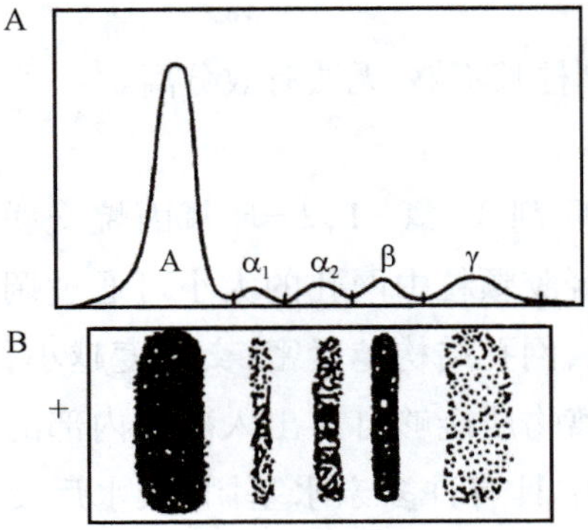

图4－3 正常人血清蛋白醋酸纤维素膜电泳图谱和扫描曲线

A：扫描曲线；B：电泳图谱

【实验材料】

（1）电泳仪、电泳槽、点样板、醋酸纤维素薄膜（2 cm×8 cm）、培养皿（直径9~10 cm）、滤纸、玻璃板、镊子。

（2）巴比妥－巴比妥钠缓冲液（pH 8.6，0.07 mol/L，离子强度0.06）：称取1.66 g巴比妥（AR）和12.76 g巴比妥钠（AR），置于三角烧瓶中，加蒸馏水约600 mL，稍加热溶解，冷却后用蒸馏水定容至1 000 mL。置4 ℃保存，备用。

（3）0.5%氨基黑10B染色液：称取0.5 g氨基黑10B，加蒸馏水40 mL，甲醇（AR）50 mL，冰乙酸（AR）10 mL，混匀溶解后置具塞试剂瓶内贮存。

（4）漂洗液：取95%乙醇45 mL，冰乙酸5 mL和蒸馏水50 mL，混匀置于具塞试剂瓶内贮存。

（5）0.4 mol/L NaOH溶液：取16.0 g NaOH，蒸馏水定容至1 000 mL。

【实验步骤】

1. 准备　将薄膜剪成8 cm × 2 cm大小，将非光泽面朝下浸于新配制的巴比妥钠缓冲液1~2 h。充分浸透后取出，夹于滤纸中，轻轻吸去多余的缓冲液。

2. 点样　点样板蘸取血清后，以点样板点于薄膜非光泽面，距边缘一端约 2 cm 处垂直压下，使血清样品渗入薄膜。

3. 电泳　滤纸用缓冲液浸湿，搭在电泳槽内支架上，形成滤纸桥。将薄膜非光泽面朝下，将点样段置于电泳槽的阴极，薄膜两端搭在滤纸桥上，电泳槽加盖。接通电源，电压 100~160 V，电流 0.4~0.8 mA/cm。夏季通电 45 min，冬季通电 1 h。

4. 染色　通电完毕后，将薄膜水平转移到染色液中浸泡 3 min 后，用漂洗液漂洗数次脱色，直到背景无色为止。

5. 比色　将薄膜置于滤纸上吸去水分，按次序剪下各显色区带及空白带，分别浸于 0.4 mol/L NaOH 溶液 5 mL 中。放入 37 ℃ 水浴 15 min。振荡数次，使色泽浸出。用分光光度计进行比色，以空白管调零，波长 640 nm。

6. 计算　设各管光密度读数分别为 $OD_{白}$、$OD_{\alpha1}$、$OD_{\alpha2}$、OD_{β} 和 OD_{γ}，计算总蛋白的吸光度和各蛋白质所占的百分比。表 4 - 10 为各蛋白质正常值。

表 4 - 10　血清蛋白各蛋白质所占百分比正常值

血清蛋白	正常值(%)
白蛋白	54.0~73.0
α_1-球蛋白	2.78~5.1
α_2-球蛋白	6.3~10.6
β-球蛋白	5.2~11.0
γ-球蛋白	12.5~20.0

【注意事项】

(1) 区分薄膜光泽面和非光泽面，点样时不能太过用力，防止薄膜破损。

(2) 点样端不能与滤纸直接接触，否则血清样品会被滤纸吸附，离开薄膜。

(3) 滤纸桥的两端需与缓冲液接触，保持湿润。同时滤纸桥不能有气泡，影响电泳效率。

(4) 操作时应用镊子夹取薄膜，防止手部污染样本。

思考题

(1) 电泳时为什么要将点样的一端靠近负极端？根据人血清中各蛋白组

分的性质，如何估计它们在pH 8.6的巴比妥-巴比妥钠电泳缓冲液中的相对迁移速度？

（2）简述醋酸纤维素薄膜电泳的原理和优点。

（左　群）

第五章

分子生物学基础实验

【本章提要】

分子生物学实验是基于分子生物学理论，通过实验操作来研究和应用生物大分子的结构与功能的一门实验科学。作为分子生物学的重要组成部分，分子生物学实验通过实践加深学生对理论知识的理解，培养学生的实践动手能力和科学研究能力。

分子生物学实验的研究对象主要包括核酸、蛋白质等生物大分子。本章主要介绍组织 DNA 与 RNA 的分离与提取、反转录与实时荧光定量 PCR、琼脂糖凝胶电泳检测 DNA、蛋白质 SDS-聚丙烯酰胺凝胶电泳和蛋白质印迹等内容。通过分子生物学实验技术研究生物大分子的组成、结构和功能，以揭示生命活动的规律和疾病发生的本质。

【学习目标】

理解掌握分子生物学实验原理；掌握分子生物学实验的基本技术与技能。

实验一　组织 DNA 与 RNA 的分离与提取

【实验目的】

（1）学习和掌握动物组织核酸提取的原理和操作技术，为后续实验操作奠定基础。

（2）了解提取 DNA/RNA 的方法、原理和优缺点。

【实验原理】

核酸作为遗传信息的载体，是生命的最基本物质，它和蛋白质是构成生物体的主要成分。按化学组成可以将核酸分成两大类：① 脱氧核糖核酸（deoxyribonucleic acid，DNA）；② 核糖核酸（ribonucleic acid，RNA）。在生物体中核酸以结合成核蛋白的形式存在，在细胞内通常与蛋白质结合，以复合物形式存在；微溶于水，不溶于乙醇、氯仿等有机溶剂；在酸性溶液中容易降解，在中性或弱碱性溶液中较稳定；DNA 溶液黏度很大，RNA 的黏度较小；在强大离心力的作用下，可以从溶液中沉降下来。

分离纯化核酸总的原则：① 应保证核酸一级结构的完整性；② 排除其他分子（蛋白质、脂类、多糖类）的污染。

【实验材料】

1. 分离 DNA

（1）器材：剪刀、离心管、离心机、恒温水浴、金属浴箱、移液器等。

（2）试剂：乙醇棉片、鼠尾裂解液、蛋白酶 K。

2. 分离 RNA

（1）器材：天平、组织研磨机、涡旋振荡器、离心机、离心管、分光光度计、移液器、烧杯、量筒、小钢珠 2 颗等。

（2）试剂：Trizol 试剂、氯仿、异丙醇。

【实验操作】

1. 提取 DNA

（1）将鼠尾裂解液、蛋白酶 K 以 100 μL∶2 μL 的比例加入装有小鼠组织的离心管内。

（2）55 ℃水浴加热 10 min 后，95 ℃金属浴 5 min。

（3）以转速 12 000 r/min，10 ℃离心 5 min。

（4）吸取上清液 100 μL 即为所得。

2. 提取 RNA

（1）将取材后冻存于−80 ℃冰箱的腓肠肌样本取出，然后用电子天平称量骨骼肌质量，取大约 60 mg 腓肠肌放入 2 mL 离心管中。在冰上用眼科剪将腓肠肌组织剪碎，用移液器向离心管中加入 1 mL Trizol（因 Trizol 有毒应在通风橱中完成），将肌肉剪碎后加入 2 粒小钢珠，用组织研磨机对肌肉进行匀浆（频率 65 Hz，3~5 次，每次 15 s）。

（2）待离心管中腓肠肌组织完全粉碎后（离心管中无肉眼可见组织块，且呈液体），将其放置在冰上，静置 10 min。静置结束后，将其轻轻转入 4 ℃离心机中，以转速 13 400 r/min 离心 10 min。

（3）离心结束后，轻轻打开离心管盖，用移液器吸取 800~900 μL 清液，并将上清液转入新的离心管中，在该离心管中加入 200 μL 氯仿。随后在涡旋振荡器上涡旋震荡 15~30 s，待上清液和氯仿（氯仿见光被分解为有毒的光气，需在通风橱中进行）充分混匀后（呈乳白色），室温静置 10 min。待离心管中溶液出现明显分层后，将该离心管放入 4 ℃离心机中，以转速 12 000 r/min 离心 15 min。

（4）离心结束后，用移液器小心吸取约 500 μL 上清液转入一个新的 1.5 mL 离心管中（此步骤中避免移液器枪头碰触到上清液下方白膜层，否则会污染样本，导致 RNA 纯度不足），在该离心管中加入等体积异丙醇后，颠倒混匀（动作轻缓，避免剧烈震荡）并室温静置 20 min。

（5）静置结束后，将离心管放入 4 ℃离心机中，以转速 12 000 r/min 离心 10 min。离心结束后，在离心管底部可见羽毛状白色沉淀，即为提取所得 RNA。

【注意事项】

（1）提取 DNA 加入鼠尾裂解液和蛋白酶 K 时需考虑到实验过程损耗，应比实际样本数量多配置几管。

（2）沉淀和上清液避免互相污染。

（3）在低温下进行操作。

（4）减少物理因素对核酸的机械剪切力。

（5）防止过酸、过碱引起核酸降解。

（6）排除核酸酶，防止核酸的生物降解。

（7）所用器械和一些试剂需高温灭菌。

（8）进行核酸分离时最好取新鲜生物组织或细胞样品，若不能马上进行提取，应将材料储存于液氮中或-70 ℃冰箱中。

【应用】

组织 DNA 与 RNA 的提取主要用于从生物样本中分离和纯化 DNA 和 RNA，可用于动物基因鉴定以及后续的实时荧光定量 PCR、琼脂糖凝胶电泳等实验，进行分子生物学和基因组学研究，探究基因功能、遗传变异及表观遗传学等。该技术还可评估运动训练对肌肉骨骼等组织的影响，研究运动损伤修复的分子机制，探索基因与运动表现之间的关联，以及识别与运动相关疾病发病机制相关的基因表达变化等。

思考题

(1) 为什么在提取 RNA 的过程中需要在通风橱中完成部分操作步骤?

(2) 提取 DNA 和 RNA 时有哪些注意事项?

实验二　反转录与荧光定量 PCR

【实验目的】

(1) 掌握聚合酶链反应(PCR)的基本原理。

(2) 熟悉 PCR 的基本操作过程。

【实验原理】

反转录是在进行基因工程过程中,以 RNA 为模板提取出 DNA 遗传信息的过程。反转录过程是在反转录酶的作用下,该酶也称依赖 RNA 的 DNA 聚合酶(RNA-dependent DNA polymerase, RDDP),以 dNTP 为底物,RNA 为模板,tRNA(主要是色氨酸 tRNA)为引物,在 tRNA 末端上,按 5′→3′方向合成一条与 RNA 模板互补的 DNA 单链,这条 DNA 单链叫作互补 DNA(complementary DNA, cDNA),是 DNA 生物合成的一种特殊方式。

实时荧光定量 PCR 是一种在 DNA 扩增反应中,以荧光化学物质测每次 PCR 循环后产物总量的方法。通过内参或者外参法对待测样品中的特定 DNA 序列进行定量分析的方法。PCR 扩增时在加入一对引物的同时加入一个特异性的荧光探针,该探针为一寡核苷酸,两端分别标记一个报告荧光基团和一个淬灭荧光基团。探针完整时,报告基团发射的荧光信号被淬灭基团吸收;刚开始时,探针结合在 DNA 任意一条单链上;PCR 扩增时,Taq 酶的 5′→3′外切酶活性将探针酶切降解,使报告荧光基团和淬灭荧光基团分离,从而荧光监测系统可接收到荧光信号,即每扩增一条 DNA 链,就有一个荧光分子形成,实现了荧光信号的累积与 PCR 产物形成完全同步。或者使用荧光染料 SYBR Green Ⅰ。SYBR Green Ⅰ可以结合到双链 DNA 上面,当体系中的模板被扩增时,SYBR Green Ⅰ可以有效结合到新合成的双链上面,随着 PCR 的进行,结合的 SYBR Green Ⅰ染料越来越多,被仪器检测到的荧光信号越来越强,从而达到定量的目的。

一般而言,荧光扩增曲线可以分成 3 个阶段: 荧光背景信号阶段、荧光信号指数扩增阶段和平台期。在荧光背景信号阶段,扩增的荧光信号被荧光背景信号所掩盖,无法判断产物量的变化。在平台期,扩增产物已不再呈指数增加,PCR 的终产物量与起始模板量之间没有线性关系,根据最终的 PCR 产物量也不能计算出起始 DNA 拷贝数。只有在荧光信号指数扩增阶段,PCR 产物量的对数值与起始模板量之间存在线性关系,故选择在这个阶段进行定量分析。

【实验材料】

1. 器材　高速低温离心机、反转录仪、双蒸水制备系统、微量加样实时荧光定量 PCR 仪、微型振荡器、移液器。

2. 试剂

(1) 反转录 PCR(Thermo Fermentas 反转录试剂盒):5×反应缓冲液、RiboLock 核糖核酸酶抑制剂、10 mM 脱氧核苷三磷酸混合液、RevertAid 反转录酶。

(2) 实时荧光定量 PCR:SYBR Green/ROX qPCR master mix(南京诺维赞)、Forward Primer、Reverse Primer、ddH_2O。

【实验操作】

1. 反转录

(1) 将所有试剂溶解、混合、离心后置于冰上。

(2) 根据 Thermo Fermentas 反转录试剂盒要求,在 0.2 mL 微量离心管中配制预混液(表 5-1)。

表 5-1　反转录反应预混液配制体系　　单位:μL

体系组成	体积
5×反应缓冲液	4
RiboLock 核糖核酸酶抑制剂	1
10 mmol/L 脱氧核苷三磷酸混合液	2
RevertAid 反转录酶	1
随机引物	1
总体积	9

(3) 定量 RNA 2 μg,计算所需 RNA 原液体积,将 RNA 原液加入(2)中的 0.2 mL 离心管内,配制成 20 μL 体系,不足 20 μL 的加入 DEPC(diethyl pyrocarbonate,焦碳酸二乙酯)水补足。

(4) 轻轻混合管中溶液并且瞬离。

（5）将管中溶液放置梯度 PCR 仪器中，按照试剂盒说明书要求设置好程序（25 ℃ 5 min，42 ℃ 60 min，70 ℃ 5 min，最后冷却到 4 ℃）进行反转录，结束后将合成的 cDNA 放于-80 ℃保存。

2. 实时荧光定量 PCR

（1）根据 SYBR Green qPCR master mix 说明书进行溶液混合（表 5-2）。

表 5-2　SYBR Green qPCR 反应体系配制表

体系组成	体积
SYBR Green/ROX 荧光定量预混液	10 μL
正向引物	0.4 μL
反向引物	0.4 μL
ddH_2O	8.2 μL
cDNA	1 μL
总体积	20 μL

（2）样本体系混合完后混匀，瞬离 10 s，上机进行扩增，扩增条件如下：预变性 95 ℃ 5 min，变性 95 ℃ 15 s，退火/延伸 60 ℃ 30 s，进行 40 个循环。

（3）所测得的样本 mRNA 的相对含量用 $2^{-\triangle\triangle CT}$ 方法计算。

【注意事项】

（1）反转录的整个过程都要严格控制核糖核酸酶（RNase）的污染。操作者要佩戴口罩、帽子和手套。所有用到的塑料和玻璃器皿均需要灭活 RNase，使用无 RNase 的塑料制品和枪头，玻璃器皿要消毒，避免交叉污染；使用性能较好的移液器。

（2）DEPC 水是用焦碳酸二乙酯处理过并经高温高压灭菌的超纯水（一级水），无色液体。DEPC 有剧毒，小心配制；配制溶液应使用无 RNase 的水。DEPC 水经检测不含杂质 RNA、DNA 和蛋白质。DEPC 水可以用于 RNA 沉淀的溶解，含有 RNA 的各种反应体系以及其他各种要求无 RNase、脱氧核糖核酸酶（DNAase）和蛋白酶的反应体系。

（3）在实验过程中要防止 RNA 的降解，保持 RNA 的完整性。在总 RNA 的提取过程中，注意避免 mRNA 的断裂。

（4）反转录的反应中对 RNA 浓度有比较高的要求，因此必须测定 RNA 浓度。只有保证 RNA 浓度在合适的范围内才能提高扩增的成功概率。

【应用】

实时荧光定量PCR主要用于检测目的基因的表达情况,其在运动科学中的应用主要包括以下几个方面。

(1) 运动适应性评估:通过检测运动前后机体组织器官中与适应性相关的基因表达变化,评估组织器官对运动状态、训练效果的反应,揭示运动适应的分子机制。

(2) 运动损伤研究:用于检测损伤相关基因的表达变化,帮助理解运动损伤的分子机制和指导康复治疗。

(3) 营养与基因互动研究:用于研究不同营养干预对运动后基因表达的影响,揭示营养与基因互动的分子机制。

思考题

(1) 实时荧光定量PCR中的荧光信号指数扩增阶段和平台期分别代表什么,它们在PCR分析中有何意义?

(2) 反转录时有哪些注意事项?

实验三　琼脂糖凝胶电泳检测DNA

【实验目的】

(1) 掌握琼脂糖凝胶电泳检测DNA的原理和方法。

(2) 检测PCR结果。

【实验原理】

DNA分子在碱性缓冲液中带负电,在外加电场作用下向正极移动。核酸既含有呈酸性的磷酸基团,又含有呈弱碱性的碱基,故有两性解离特性。根据其解离性质,在中性或偏碱性的缓冲液中,磷酸解离,碱基几乎不解离,整个分子带负电,在外加电场的作用下向正极移动,称为电泳。不同的核酸分子由于具有相同的磷酸戊糖结构,几乎具有相同的电荷密度,其电泳行为线性分子在凝胶中的迁移率与其所含碱基对数成反比。可近似估算分子的大小。

琼脂糖介质结构均一,可通过调整琼脂糖的浓度改变孔径大小,起到分子筛的作用。

DNA 分子在琼脂糖凝胶中泳动时，除了电荷效应还有分子筛效应。不同 DNA 的分子量大小及构型不同，电泳时迁移率不同，从而分出不同的区带。迁移率与胶浓度成反比。

溴乙锭(ethidium bromide, EB)插入 DNA 分子碱基对，在紫外灯照射下发射荧光。

EB 是一种核酸染料，在凝胶中加入少量 EB，当 DNA 样品在琼脂糖凝胶中电泳时，EB 插入 DNA 分子碱基对中形成荧光络合物，使 DNA 发射的荧光增强，电泳后可在 254~365 nm 波长紫外光照射下，呈现橘红色的荧光，因此可对分离的 DNA 进行检测。

【实验材料】

1. 器材　电子称量仪、电泳仪、电泳槽、凝胶紫外透射仪、移液器、锥形瓶、微波炉。

2. 试剂　琼脂糖(根据需要，用电泳缓冲液配成不同浓度)、核酸样品、DL2000 DNA Marker、电泳缓冲液、上样缓冲液、EB。

【实验操作】

1. 配制凝胶

(1) 凝胶准备(以配制 1%琼脂糖凝胶为例)：称 1 g 琼脂糖置锥形瓶中，加入 100 mL 0.5× TBE 缓冲液。放入微波炉中高火加热 1 min，取出查看琼脂糖是否融化，未融化则再加热 1 min 至溶液清澈无杂质。熔化的琼脂糖自然冷却至 60 ℃~70 ℃，加入 EB(0.5 μg/mL)，并轻轻摇匀。

(2) 胶床准备：取出洗净并晒干的胶床和梳子，将梳子垂直插入到胶床的小凹槽内，梳齿底端和床面有 1 mm 的间隙，把胶床放置于水平桌面。

(3) 铺胶、固化：将冷却至 60 ℃的凝胶倒入准备好的凝胶盘内，凝胶厚度为 3~5 mm。室温内静置 20~30 min，凝胶固化，轻轻拔出固定在凝胶中的梳子。

2. 准备电泳仪

(1) 将带凝胶的胶床置于电泳槽中，并使样品位于电场负极。

(2) 倒入电泳缓冲液(0.5× TBE 缓冲液)，以超过凝胶表面 1~2 mm 为宜，检查并去除样品孔(原梳齿处)中气泡。

3. 样品准备　向核酸样品中加入约为样品体积 1/6 的上样缓冲液并混匀。

4. 上样　用移液器吸取样品，轻轻加入凝胶样品孔中，加样量为 5~20 μL。

5. 电泳　盖上电泳槽，接通电源。调节电压为 100 V 时间为 30 min，待电泳结束后，切断电源，取出凝胶。

6. 电泳结果分析　紫外检测仪直接观察电源条带，凝胶成像分析系统处理。

【注意事项】

（1）凝胶浓度的选择根据样品 DNA 分子的大小而定，所以电泳前应对 DNA 片段大小有粗略的估计。

（2）控制好铺胶时的温度，避免温度太高使凝胶盘变形，温度太低凝胶凝固。

（3）胶要凝固好后才可拔梳子，方向要竖直向上，避免弄坏加样孔。

（4）加样时注意加样孔内不能有气泡，枪头应该轻轻下伸入加样孔，加样速度需缓慢，使其自然沉底，均匀分布于电泳孔内。

（5）EB 有毒性，切勿直接接触，须全程戴手套。胶勿乱扔，应放入废胶盒内统一处理。

【应用】

琼脂糖凝胶电泳广泛应用于核酸的研究中。其在运动科学中的应用主要包括：

（1）分离和分析运动前后组织器官中核酸等生物大分子，了解运动对核酸表达的影响，深入理解机体运动适应的分子机制。

（2）了解运动损伤发生时，相应的组织器官中核酸表达的变化；了解各类运动损伤发生的分子机制。

（3）在基因分子层面探索运动表现的潜在机制，为专项运动员选材、运动处方的制定等提供参考。

思考题

（1）简要介绍琼脂糖凝胶电泳的原理。

（2）琼脂糖凝胶电泳实验中有哪些注意事项？

实验四　BCA 法测定蛋白质的含量

【实验目的】

（1）掌握 BCA 法测定蛋白质浓度的原理及操作。

（2）掌握酶标仪、移液枪的正确使用以及用标准曲线法计算蛋白质浓度的方法。

（3）了解蛋白质含量测定的多种方法。

【实验原理】

BCA（bicinchoninic acid）法，即二喹啉甲酸法，是一种对样品中总蛋白质进行量化的分析方法。BCA是一种稳定的水溶性复合物，在碱性条件下，二价铜离子可以被蛋白质还原成一价铜离子，一价铜离子可以和BCA相互作用，两分子的BCA螯合一个铜离子，形成紫色的络合物，该复合物为水溶性，在562 nm波长处显示强吸光性。在一定浓度范围内，吸光度与蛋白质含量呈良好的线性关系，通过制作标准曲线，可以根据待测蛋白质在562 nm处的吸光度计算待测蛋白质浓度。

【实验材料】

1. 器材　酶联免疫检测仪（即酶标仪）、96孔板、移液器。

2. 试剂

（1）A液：BCA碱性溶液-配方：1% BCA二钠盐，0.4%氢氧化钠，0.16%酒石酸钠，2%无水碳酸钠，0.95%碳酸氢钠，这些液体混合后再用NaOH或固体$NaHCO_3$调节pH至11.25。

（2）B液：4%硫酸铜溶液。

（3）牛血清白蛋白（bovine serum albumin，BSA）。

（4）待测蛋白质样品。

【实验操作】

（1）配制BCA工作液：将A液和B液摇晃混匀后，按照A∶B=50∶1的比例配制BCA工作液，充分混匀（BCA工作液在室温下24 h内稳定，故现用现配）。

（2）使用BSA配制不同浓度的标准蛋白质溶液：0 μg/μL，0.025 μg/μL，0.05 μg/μL，0.1 μg/μL，0.2 μg/μL，0.3 μg/μL，0.4 μg/μL，0.5 μg/μL。待测蛋白质样品在什么溶液中，就用该溶液来配制标准蛋白质溶液（如待测样品溶于强RIPA裂解液，则用强RIPA裂解液来稀释标准蛋白质溶液）。

（3）取不同浓度的蛋白标准品各20 μL，按浓度梯度加入96孔板的标准品孔中。

（4）加适当体积的样品到96孔板的样品孔中。如果样品不足20 μL，加标准品稀释液补足到20 μL；注意记录样品体积。

（5）各孔加入200 μL BCA工作液，37 ℃放置20~30 min。温度和放置时间可以调整，可在 60 ℃放置 30 min 或室温放置 2 h。

（6）静置结束后，冷却至室温，用酶标仪测定 562 nm 处的吸光度，并制作标准曲线。

（7）根据待测样品的吸光度，比对标准曲线，计算蛋白质的浓度。

【注意事项】

（1）BCA 法测定蛋白质浓度时，吸光度可随时间的延长不断加深，且显色反应会随温度升高而加快，故如果浓度较低，适合较高温度孵育或延长孵育时间。

（2）标准蛋白质溶液的加量应当准确，如果加量不准确，会导致制作出来的标准曲线出现偏差，影响待测样品的浓度计算，所以一方面需要用梯度稀释的方法来配制标准蛋白质溶液，另一方面应使用精确度高的移液器。

（3）为加快 BCA 法测定蛋白质浓度的速度可以适当用微波炉加热，但切勿过热。

（4）当结果出现空白组本身就有较高的背景，可通过扣除空白值或重新测定蛋白质浓度。

（5）使用 BCA 法测定蛋白质浓度时，样品中 EDTA 浓度必须小于 10 mmol/L，不兼容 EGTA。

【应用】

BCA 法被广泛应用于蛋白质浓度的检测。其在运动科学中的应用主要包括：

（1）检测运动前后组织器官中蛋白质含量，了解运动对蛋白质合成分解速率及氮平衡的影响。

（2）检测运动损伤发生时，组织器官蛋白质含量的变化情况，了解不同运动损伤的发生机制。

（3）BCA 法可以检测运动员体内蛋白质的含量，从而评估运动员的蛋白质摄入情况和代谢状态，有助于制定科学合理的营养计划和训练方案。

（4）BCA 法可用于检测提取蛋白质样本的含量，为后续的 SDS 聚丙烯酰胺凝胶电泳和蛋白质印迹实验奠定基础。

思考题

（1）请简要解释用 BCA 法测定蛋白质浓度的原理。

（2）请简要概述 BCA 法的实验操作。

实验五　蛋白质 SDS 聚丙烯酰胺凝胶电泳

【实验目的】

（1）掌握 SDS－PAGE 的实验原理。

（2）学习利用 SDS－PAGE 分离不同分子量蛋白质的基本操作。

【实验原理】

SDS 聚丙烯酰胺凝胶电泳（SDS polyacrylamide gel electrophoresis，SDS－PAGE）是对蛋白质进行分离和特性鉴定的一种经济高效的实验技术。聚丙烯酰胺凝胶（polyacrylyl gel）是由丙烯酰胺（acrylamide，Acr）单体和少量交联剂甲叉双丙烯酰胺（methyl-bisacrylamide，Bis）在化学催化或光催化作用下形成的三维网状结构高聚物，具有分子筛效应。化学催化通常使用催化剂过硫酸铵（ammonium persulfate，APS）和加速剂四甲基乙二胺（tetramethylenediamine，TEMED）。

SDS 即十二烷基硫酸钠（sodium dodecylsulfate，SDS），是带有负电荷的阴离子表面活性剂，它能以一定比例和蛋白质结合，形成 SDS－蛋白质复合物，使蛋白质带上大量负电荷，并远远超过了其原来的电荷，从而使天然蛋白质分子间的电荷差别降低乃至消除。与此同时，蛋白质在 SDS 作用下结构变得松散，形状趋于一致，所以各种 SDS－蛋白质复合物在电泳时迁移率的差异主要取决于蛋白质的分子量。另外，SDS－蛋白质复合物在强还原剂巯基乙醇的作用下，蛋白质分子内二硫键被打开，这样分离出的谱带即为蛋白质亚基。当分子量在 15～20 kDa 时，SDS－PAGE 中蛋白质的迁移率和分子质量的对数呈线性关系。

聚丙烯酰胺凝胶电泳常分为两大类：① 第一类为连续的凝胶（仅有分离胶）电泳；② 第二类为不连续的凝胶（浓缩胶和分离胶）电泳。一般地，不连续聚丙烯酰胺凝胶电泳因具有浓缩效应（浓缩胶与分离胶中聚丙烯酰胺的浓度及 pH 不同），样品分离效果好，分辨率高，常用于普通蛋白质的分离。本实验采用化学聚合法制胶，进行不连续的 SDS－PAGE，并用考马斯亮蓝染色，以分离和鉴定样品中的蛋白质产物。

【实验材料】

1．器材　电泳仪、垂直电泳槽、涡旋混合仪、脱色摇床、台式冷冻离心机、电磁炉、天平、微量移液器、吸头、离心管、烧杯、手套。

2. 试剂

（1）待测样品、蛋白质分子量标记。

（2）30% Acr/Bis 溶液（29∶1）：取 14.5 g Acr，0.5 g Bis，加 ddH_2O 至 50 mL，4 ℃避光保存。

（3）1.5 mol/L Tris－HCl 分离胶缓冲液（pH 8.8）：取 18.165 g Tris，用 1 mol/L HCl 调 pH 至 8.8，加 ddH_2O 至 100 mL，4 ℃保存。

（4）1.0 mol/L Tris－HCl 浓缩胶缓冲液（pH 6.8）：取 12.11 g Tris，用 1 mol/L HCl 调 pH 至 6.8，加 ddH_2O 至 100 mL，4 ℃保存。

（5）上样缓冲液（2×）：1.0 mol/L Tris－HCl（pH 6.8）1 mL，甘油 2 mL，10% SDS 4 mL，溴酚蓝 0.02 g，β－巯基乙醇 0.2 mL，ddH_2O 2.8 mL，室温存放。

（6）电泳缓冲液（5×）：在 400 mL ddH_2O 中溶解 Tris 7.55 g，甘氨酸 47 g，加入 25 mL 10% SDS，最后加 ddH_2O 至 500 mL，使用时稀释。

（7）考马斯亮蓝染色液：考马斯亮蓝 R－250 0.25 g，45 mL 甲醇，10 mL 冰乙酸，加 ddH_2O 至 100 mL。

（8）脱色液配比：即甲醇、水、冰乙酸的体积比为 5∶4∶1。

（9）10% APS：取 0.1 g APS，加 ddH_2O 1 mL，每次用前新鲜配制。

【实验操作】

（1）取一 1.5 mL 离心管，将样品与上样缓冲液（2×）等体积混匀。

（2）将离心管置于沸水中煮 5 min，然后立即插入冰中，待样品冷却至室温后 5 000*g* 离心 1 min，取上清备用。

（3）按指示组装制胶槽，插入梳子并在玻璃上距梳子齿底端 1 cm 的地方做一个标记，然后拔出梳子。

（4）配制 15%分离胶：按表 5－3 的量和加样顺序将各组分混合在 50 mL 烧杯中。

表 5－3　15%分离胶配制表

体系组成	体积
ddH_2O	3.4 mL
30% Acr/Bis 溶液（29∶1）	7.5 mL
1.5 mol/L 分离胶缓冲液（pH 8.8）	3.8 mL

续 表

体系组成	体积
10% SDS	150 μL
10% APS	150 μL
TEMED	6 μL

(5) 加完TEMED后轻轻转动烧杯几下混匀，立即缓缓倒入组装好的胶室内，直到液面与所作标记齐平。然后在胶液上部用微量移液器缓缓加入ddH_2O形成水层。室温静置至凝胶完全凝固，然后将水层倒出，用滤纸吸干残留的水。

(6) 配制5%浓缩胶：按表5-4的量和加样顺序将各组分混合在50 mL烧杯中。

表5-4　5%浓缩胶配制表

体系组成	体积
ddH_2O	3.4 mL
30% Acr/Bis 溶液(29 : 1)	0.83 mL
1.0 mol/L 浓缩胶缓冲液(pH 6.8)	0.63 mL
10% SDS	50 μL
10% APS	50 μL
TEMED	5 μL

(7) 加完TEMED后轻轻转动烧杯几下混匀，立即缓缓倒入组装好的胶室内，直到液面与玻璃上边缘齐平，慢慢插入梳子，室温静置至完全凝固。

(8) 小心拔出梳子，用水冲洗加样孔2次，然后用滤纸吸去液体。

(9) 在电泳槽上部和下部加入电泳缓冲液，上部液面应淹没过加样槽。

(10) 用微量移液器在加样孔中加入10~20 μL蛋白质样品，接好电极，将电压调至8 V/cm进行电泳，待溴酚蓝移到分离胶后将电压增大到15 V/cm，电泳至溴酚蓝移到距底部0.5 cm时结束。

(11) 倒掉电泳缓冲液，取下玻璃板，轻轻撬开后取出胶块，切下分离胶，标记好样品顺序后浸没于考马斯亮蓝溶液中，在脱色摇床上室温染色4 h。

(12) 将染色后的胶块置于脱色液中振荡脱色，依情况更换脱色液，直到大部分蓝色褪尽，蛋白条带清晰为止。观察并记录实验结果。

【注意事项】

（1）丙烯酰胺有毒，操作时须戴手套。

（2）制胶时注意不要产生气泡，尽量使胶平整。加样时注意不要损坏凝胶，避免产生气泡。

【应用】

利用聚丙烯酰胺做支持物来分离大分子物质的凝胶电泳，广泛应用于对蛋白质、核酸等生物大分子进行分离、定性、定量和分子量测定等。在运动科学领域的应用价值如下。

（1）SDS－PAGE 可以用于分析组织器官对运动训练的适应情况。例如，通过将运动前后的肌肉样品进行 SDS－PAGE 分析，可以比较不同条件下特定蛋白质的表达水平，如肌肉生长因子、肌肉结构蛋白等，从而了解运动对组织器官中特定蛋白质表达的影响。

（2）SDS－PAGE 可以用于检测组织器官及体液中的损伤标志物，如肌红蛋白等，从而评估运动损伤程度和康复进展。

（3）SDS－PAGE 可以结合其他技术，如免疫印迹、质谱等，用于进一步研究蛋白质表达水平、蛋白质间的相互作用以及其在信号传导和代谢途径中的作用。

思考题

（1）聚丙烯酰胺凝胶电泳与琼脂糖凝胶电泳有何不同？请举例说明它们之间的主要区别。

（2）在进行聚丙烯酰胺凝胶电泳实验时，影响蛋白质迁移速率的因素有哪些？

实验六　蛋白质印迹法

【实验目的】

（1）掌握蛋白质印迹法的基本操作方法。

（2）熟悉蛋白质印迹法的基本原理。

【实验原理】

蛋白质印迹法（Western blotting）又称免疫印迹法，该法通过将高分辨率的电泳技术与专一灵敏的免疫探测技术相结合，以某种抗体作为探针，使其与附着在固定化膜上的靶蛋白抗原部分发生特异性结合，从而对复杂的混合样品中某些特定蛋白质进行鉴别和定量。这一技术将蛋白质凝胶电泳分辨率高与固相免疫检测特异性强的特点充分结合，且操作简单，试剂用量少，是一种重要的蛋白质分析检测手段。

蛋白质印迹法的步骤主要包括蛋白质通过凝胶电泳分离后，在直流电场作用下将凝胶中带负电荷的蛋白质分子转移至固相纸膜上，经封闭后再用抗待检蛋白的抗体做探针与之结合，洗涤后再将滤膜与辣根过氧化物酶或碱性磷酸酶偶联抗 IgG 抗体结合，通过原位酶反应确定抗原-抗体-抗抗体复合物在滤膜上的位置和表达量。硝酸纤维素膜对蛋白质的吸附作用强，且对其活性影响小，因此成为蛋白质印迹法中最常用的固相支持物。脱脂奶粉作为封闭液最为实惠，且与免疫学检测系统兼容，可封闭膜上可能与非特异性蛋白质结合的位点。适量加入去污剂如 Tween－20 可进一步降低蛋白质的非特异性结合。

【实验材料】

1. SDS 聚丙烯酰胺凝胶电泳的试剂　同前。

2. 器材　电泳仪、垂直电转移槽、硝酸纤维素膜、普通滤纸、玻璃平皿、恒温式摇床、剪刀、镊子、冰袋。SDS 聚丙烯酰胺凝胶电泳的器材同前。

3. 试剂

(1) TBS：20 mmol/L Tris－HCl，150 mmol/L NaCl，pH 7.5。

(2) TBS－T：含 0.1% Tween－20 的 TBS。

(3) 转移缓冲液：25 mmol/L Tris，192 mmol/L 谷氨酸，20%甲醇，pH 8.3。

(4) 封闭液：TBS－T 配制的 5%脱脂奶粉。

(5) 兔抗小鼠 GAPDH 单抗隆抗体。

(6) 碱性磷酸酶偶联的驴抗兔 IgG。

(7) 显影液：ECL 超敏发光试剂盒。

【实验操作】

1. 样品的 SDS 聚丙烯酰胺凝胶电泳　同前。

2. 蛋白质转移

(1) 制作转移单元的准备：剪一张大小与分离胶尺寸相同的硝酸纤维素膜，用铅笔在膜一角做好标记，再将其放在转移缓冲液中浸润 15 min。剪四张大小与分离胶尺寸相同的滤纸和两块多孔垫料放在转移缓存液中充分浸润。取出电泳后的凝胶，修剪切去浓缩胶，将分离胶用转移缓冲液充分洗涤。

（2）转移单元的制作：打开有孔转移框架，从下向上依序放入多孔垫料、两张滤纸、凝胶、硝酸纤维素薄膜、两张滤纸、多孔垫料。使凝胶左下角置于膜的标记角上，注意凝胶、滤纸和各层膜的精确对齐，不留气泡，轻轻合上有孔转移框架。

（3）电泳转移：将"三明治"式转移单元垂直固定在装有转移缓冲液的垂直转移槽中，硝酸纤维素膜一侧朝向正极，凝胶一侧朝向负极。倒入缓冲液浸没转移单元并放入两个冰袋。插上电源，电泳仪调至 290 mA，转移 90 min。

3. 电泳印迹膜的处理

（1）封闭：转移结束后打开转移框架，取出硝酸纤维素膜在 TBS－T 中漂洗一下，放入装有封闭液的平皿中，室温轻摇孵育 2 h。

（2）一抗结合：将膜用 TBS－T 清洗 3 次，每次 5 min 后依据蛋白质分子量条带进行裁剪。按 0.1 mL/cm^2 加入封闭液和 1∶5 000 稀释的兔抗小鼠 GAPDH 单克隆抗体后，置于 4 ℃轻摇过夜。

（3）二抗结合：取出滤膜，用 TBS－T 洗膜 3 次，每次 5 min，再按 0.1 mL/cm^2 加入封闭液和 1∶10 000 稀释的碱性磷酸酶偶联驴抗兔 IgG，室温轻摇孵育 1 h。

（4）显影：取出滤膜用 TBS－T 洗膜 3 次，每次 5 min，再放入有显影液的小平皿中，置于暗处轻轻摇晃。待显色反应达到最佳时进行显影，分析显影结果。

【注意事项】

（1）聚丙烯酰胺具有神经毒性，可经皮肤、呼吸道等吸收，因此操作时要注意防护。

（2）制作转移单元时不能用手直接接触凝胶、硝酸纤维素膜和滤纸，需戴上手套，以防止手上的油脂和分泌物干扰蛋白质的转移。

（3）蛋白质转移前转移缓冲液需要预冷。

（4）电转移采用恒压或者恒流转移，对于分子量较大（大于 100 kDa）的蛋白质需延长转移时间并增大电场强度。

（5）硝酸纤维素膜需与凝胶、滤纸的大小相同，如膜和滤纸大于凝胶或凝胶破裂，可能造成电流短路。转移单元每层之间要避免气泡，以确保电流均匀通过凝胶。

（6）转膜后应在膜上标记好正反面。

（7）显影液应现用现配。

【应用】

蛋白质印迹法主要用于选择性地识别和检测目标蛋白质。在运动科学领域,蛋白质印迹法可以应用于以下方面:

(1) 运动适应性评估:通过检测运动前后或长期运动训练后机体组织器官中相关的蛋白表达变化,评估组织器官对运动状态、训练效果的反应,揭示运动适应的分子机制。

(2) 运动损伤研究:用于检测损伤相关蛋白例如炎症标志物、器官损伤标志物的表达变化,帮助理解运动损伤的分子机制和指导康复治疗。

(3) 通过设计应用不同的靶标,筛选和鉴定特定蛋白的表达情况,可以广泛应用于运动员的兴奋剂检测、运动科学药物研发等。

思考题

(1) 为什么在蛋白质印迹法中需要进行封闭步骤?

(2) 在蛋白质印迹法的蛋白质转移步骤中,为什么需要在转移缓冲液中加入冰袋或进行预冷?

(肖卫华)

第六章

综合应用性实验

【本章提要】

人体的健康状况可以通过血液指标和尿液指标得到反映。运动时随着运动强度和运动负荷量的变化,人体代谢过程加快,内环境产生应答,使得血液、尿液中相应的代谢成分发生改变。因此,常以血液、尿液中具有代表性成分的变化,作为评定身体健康状况以及运动强度、运动负荷的重要依据。

本章主要介绍血常规、尿常规和血脂的测定,以及反映运动强度和运动量的血清酶等的测定。同时介绍质粒 DNA 的提取、电泳鉴定及其在运动科学领域中的应用。

【学习目标】

通过本章的学习,理解生化指标在运动实践和健康领域中的应用,加强理论知识与实际应用之间的联系,同时提高学生分析问题、解决问题的能力。

实验一　血常规的测定

【实验目的】

血常规检查是临床医学中常用的检查项目之一,通过对血液中常规指标的检测和分析来了解机体的健康状况,同时为疾病的诊断和治疗提供重要的参考依据。血常规在运动实践中应用非常普遍,用于了解运动人群的健康状况和对运动的应答及适应。

(1) 理解血常规测定的基本原理、方法及在运动中的意义。

（2）掌握自动化血液分析仪的使用。

【实验原理】

血常规检测主要通过对血液中各种细胞和成分的定量和定性分析来评估患者的健康状况，通常可分为三大系统，即红细胞系统、白细胞系统和血小板系统。主要指标包括红细胞（red blood cell，RBC）、血红蛋白含量（hemoglobin，Hb）、红细胞压积（hematocrit，HCT）、平均红细胞体积（mean corpuscular volume，MCV）、平均红细胞血红蛋白含量（mean corpuscular hemoglobin，MCH）、红细胞分布宽度（red cell distribution width，RDW）、白细胞（white blood cell，WBC）、淋巴细胞（lymphocyte，LYM）、中性粒细胞（neutrophil，NEU）、嗜酸性粒细胞（eosinophil，EOS）、嗜碱性粒细胞（basophil，BASO）、单核细胞（monocyte，MONO）和血小板（platelet，PLT）。血常规测定中包含以下实验原理。

1. 半导体激光流式细胞分析　利用激光束照射血液样本，细胞通过激光束时会产生散射光和荧光信号。前向散射光（forward scattered light，FSC）反映细胞的大小，侧向散射光（side scattered light，SSC）反映细胞内部结构的复杂性。

2. 核酸荧光染色技术　通过对细胞的 DNA/RNA 进行荧光染色，提高了异常细胞的识别灵敏度。这种方法可以有效识别血小板聚集、细胞碎片、有核红细胞等。

3. 电阻抗法　通过检测细胞通过微小孔道时产生的电阻变化来计数和分类细胞。

4. 分光光度法　用于测定血红蛋白浓度。血红蛋白与溶血剂反应形成稳定的血红蛋白衍生物氰化高铁血红蛋白，在特定波长下进行比色分析。

【实验器材】

1. 血液采集器具　包括无菌手套、压脉带、乙醇片、无菌纱布或脱脂棉球、采血针、注射器、带橡胶帽的无菌玻璃或塑料管、真空负压带吸力的试管、带螺口盖的玻璃管、利器盒等。

2. 血常规检验仪器　目前最常使用的仪器为自动化血液分析仪，这是进行血常规测试的关键仪器，能够自动对血液样本进行分析和计数。

【实验步骤】

1. 准备工作

（1）确保仪器安装在无强电磁干扰、无阳光直射的环境中。

（2）检查试剂和耗材是否充足，并在使用有效期内。

2. 样品处理

（1）收集新鲜的全血样本，通常使用 EDTA 抗凝管。

（2）将血液样本混匀，避免溶血或出现血凝块。

3. 开机和校准

（1）打开仪器电源，等待系统启动完成。

（2）进行日常校准和质控，确保仪器状态正常。

4. 样品导入　将血液样本放入样品架或手动进样口。选择相应的检测模式（如 CBC 模式或 CBC+DIFF 模式）。CBC 模式（complete blood count）即全血细胞计数模式，测量血液中的主要成分，如红细胞、白细胞和血小板的数量。CBC+DIFF 模式（complete blood count with differential）即全血细胞计数加分类模式，不仅测量血液中的主要成分，还对不同类型的白细胞进行分类和计数，如中性粒细胞、淋巴细胞、单核细胞、嗜酸性粒细胞和嗜碱性粒细胞。

5. 分析过程

（1）按下“开始”按钮，仪器将自动进行分析。

（2）分析过程中，仪器会通过光学检测和核酸染色法测定血液中的各项指标。

6. 结果处理

（1）分析完成后，仪器会显示检测结果，并可以选择打印结果。

（2）血常规正常参考范围如表 6－1。对于异常结果，建议结合显微镜检查进行确认。

表 6－1　血常规的正常参考范围

指　标	缩　写	参考范围
白细胞	WBC	$(4.0\sim10)\times10^{9}$/L
红细胞	RBC	$(3.92\sim5.61)\times10^{12}$/L
血红蛋白浓度	Hb	男：120～160 g/L；女：110～150 g/L
红细胞压积	Hct	36.6%～49.4%
平均红细胞体积	MCV	80～100 fL
平均红细胞血红蛋白含量	MCH	27～33 pg
红细胞分布宽度	RDW	11.5%～14.5%
淋巴细胞	LYM	20%～40%
中性粒细胞	NEU	40%～60%

续 表

指　　标	缩 写	参 考 范 围
嗜酸性粒细胞	EOS	1%~4%
嗜碱性粒细胞	BASO	0.5%~1%
单核细胞	MONO	2%~8%
血小板	PLT	$(150\sim450)\times10^3/\mu L$

7. 清洁和维护

（1）使用完毕后，清洁样品导入口和仪器表面。

（2）定期进行仪器校准和维护，确保其正常运行。

【注意事项】

（1）在操作过程中要严格遵守无菌操作规范，避免血液被污染。

（2）轻轻转动采血管，确保与抗凝剂充分混合。

（3）在样本处理和检测过程中，要按照仪器操作手册和试剂说明进行操作，确保结果的准确性和可靠性。

【应用】

血常规检测是一项常规的临床实验室检查，用于评估患者的血液健康状况和诊断与血液相关的疾病。其应用非常广泛，包括但不限于以下方面。

（一）血常规与健康

1. 诊断和监测贫血　血常规检测可以评估红细胞数量和质量，血红蛋白水平以及各类红细胞指标，如平均红细胞体积（MCV）和平均红细胞血红蛋白含量（MCH）。这些指标有助于诊断不同类型的贫血，如缺铁性贫血、维生素 B_{12} 缺乏性贫血等，并监测治疗效果。

2. 检测和监测感染和炎症　白细胞计数和不同类型的白细胞比例可以帮助评估患者的免疫状况和身体对感染的反应。白细胞计数增高通常表示感染或炎症，而某些白细胞亚型的比例变化可能提示特定类型的感染。

3. 评估凝血功能　通过血小板计数有助于评估血液的凝血功能。低血小板计数可能提示出血倾向，而高血小板计数可能增加血栓形成风险。

4. 筛查和监测血液疾病　血常规检测对于筛查和监测血液疾病，如白血病、淋巴瘤、骨髓增生异常综合征等也非常有用。异常的白细胞、红细胞和血小板计数以及异常的细胞形态学特征可以提供诊断的线索。

5. 监测治疗效果　对于已诊断出的疾病，血常规检测可以用于监测治疗效果。例如，在化疗过程中，定期进行血常规检测可以帮助评估治疗的有效性和副作用。

（二）血常规与运动

1. 红细胞和血红蛋白　运动会导致红细胞和血红蛋白数量的暂时性增加。这是因为运动时，储存在肝脏和脾脏中的血液被动员进入循环系统，增加了血液的携氧能力。长期耐力训练的运动员在安静时红细胞水平可能低于正常值，但总血红蛋白量较高，这是由于血浆量增加所致。

2. 白细胞　剧烈运动后，白细胞数量通常会增加，这是身体对运动应激的反应。然而，长期过高强度运动可能导致白细胞数量减少，影响免疫功能。

3. 血小板　运动可以增加血小板的活性和数量，特别是在剧烈运动后。这有助于提高血液的凝血能力，但也可能增加血栓形成的风险。

4. 运动性贫血　长期耐力训练的运动员可能会出现运动性贫血的现象，即红细胞数量和血红蛋白浓度低于正常值，可能和机体营养不良如缺铁或其他营养素缺乏，以及红细胞破坏增加有关。

总的来说，适度的运动对血液成分有积极的影响，有助于提高身体的携氧能力和免疫功能。然而，过度运动可能对血液成分产生负面影响，需要注意平衡和适度。

思考题

（1）血常规检测包括哪些指标？

（2）血常规检测中有哪些注意事项？

（3）举例说明血常规检测在运动实践中的应用。

（左　群）

实验二　尿常规的测定

【实验目的】

（1）熟悉干化学分析法测试尿常规的基本原理、方法及在运动中的意义。

（2）掌握尿液自动分析仪的使用。

【实验原理】

尿常规是一种常见的实验室检查,用于评估尿液的物理和化学特性以及成分,以帮助诊断和监测多种疾病。尿常规检查通常包括以下 11 项主要指标:尿葡萄糖、尿胆红素、尿胆原、尿酮体、尿比重、尿潜血、尿酸碱度 pH、尿蛋白、尿亚硝酸盐、尿白细胞、尿维生素 C。尿常规检测的基本原理如下:

1. *尿葡萄糖的反应原理* 采用酶法测试,试剂中的葡萄糖氧化酶作用于尿液中的葡萄糖,产生葡萄糖醛酸内酯和过氧化氢,试纸中的过氧化物酶进一步作用于过氧化氢,产生的新生态氧再与色素原(如碘化钾)反应产生颜色,颜色的深浅与尿液中葡萄糖含量成正比。

2. *尿胆红素的反应原理* 在酸性条件下,试剂中的 2,4(或 2,6)二氯苯重氮盐与尿液中的结合胆红素发生偶联形成偶氮色素产生颜色变化,颜色的深浅与尿液中胆红素含量成正比。

3. *尿胆原的反应原理* 尿胆原分析试纸的反应原理一般有两种,一种是尿胆原在酸性条件下与对-二甲氨基苯甲醛发生醛化反应(即尿胆原与醛缩合生成红色的缩醛化合物,即常见的欧氏试剂)。另一种是重氮盐法,即尿胆原在酸性条件下,与重氮盐偶联生成紫红色的偶氮化合物。

4. *尿酮体的反应原理* 尿酮体包括乙酰乙酸、丙酮、β-羟丁酸。碱性条件下尿中的乙酰乙酸、丙酮与亚硝基铁氰化钠(硝普钠)反应,生成紫红色的复合物,颜色的深浅与尿液中酮体(主要是乙酰乙酸)含量成正比。这种测试方法对乙酰乙酸的敏感度为 5~10 mg/dL,对丙酮的敏感度为 40~70 mg/dL,β-羟丁酸不参与反应。

5. *尿比重的反应原理* 尿比重试纸中的多聚电解质共聚物(如甲基乙烯基醚马来酸共聚物、多聚电解质甲氧乙烯顺丁烯二酸等)与尿液中以钠离子为主的阳离子发生离子交换,释放出氢离子,使试纸中的酸碱指示剂(溴麝香草酚蓝)产生颜色由绿到黄的变化。

6. *尿潜血的反应原理* 尿潜血分析试纸的反应原理是利用血红蛋白中的亚铁血红素具有类过氧化物酶活性催化分解试剂的枯烯过氧化羟基异丙苯分解,产生新生态氧,新生态氧使氧化指示剂显色,颜色的深浅与尿液血红蛋白含量成正比。

7. *尿酸碱度 pH 的反应原理* 基于 pH 指示剂法。一般的尿液 pH 分析试纸中含有甲基红[pH 4.2(红)~6.2(黄)],溴甲酚绿[pH 3.6(黄)~5.4(绿)],溴百里香酚蓝[pH 6.7(黄)~7.5(蓝)],这些混合的酸碱指示剂适量配合可以反映尿液 pH 4.5~9.0 的变异范围。

8. *尿蛋白的反应原理*　尿蛋白的反应原理是蛋白质误差，某种特定的 pH 指示剂阴离子受蛋白质阳离子吸引，进一步电离，使指示剂的变色点发生改变，这种方法称为蛋白质误差法。尿试纸中含有四溴酚蓝指示剂和 pH 3 的缓冲体系，四溴酚蓝的变色点在 pH 3~4 之间，它在尿中解离成阴离子，与蛋白质阳离子结合后呈黄色。

9. *尿亚硝酸盐的反应原理*　尿液中的亚硝酸盐与试纸块中的对氨基苯砷酸或磺胺发生重氮化反应，生成重氮盐，生成的重氮盐再与试纸上的 N－1－萘基乙二胺盐酸盐或四氢苯并喹啉－3－酚偶合生成红色的偶氮化合物（盖氏试剂法）。

10. *尿白细胞的反应原理*　利用中性粒细胞内酯酶催化水解试纸中的吲哚酚酯产生游离酚，游离酚氧化偶合或与试纸中的重氮盐偶合而显色。

11. *尿维生素 C 的反应原理*　维生素 C 具有 1,2－烯二醇还原基团，在酸性条件下能将氧化态的粉红色 2,6－二氯靛酚染料还原为无色的 2,6－二氯二对酚胺，使试纸颜色由粉红色变成无色，颜色变化的强弱与尿中维生素 C 的浓度相关。

干化学分析法测试尿常规的基本流程如下：

1. *试剂反应*　尿液中的化学成分与试带上的干化学试剂发生特定的化学反应，导致试剂颜色发生变化。每种试剂模块对应不同的检测项目，如蛋白质、葡萄糖、酮体等。

2. *颜色变化*　反应后，试剂模块的颜色深浅与尿液中相应化学成分的浓度成正比。颜色越深，表示浓度越高。

3. *光学检测*　试带进入尿液分析仪后，仪器光源照射试剂模块，产生不同的反射光。仪器接收这些反射光信号，并将其转换为电信号。

4. *数据处理*　电信号经过微处理器处理，计算出各检测项目的反射率，并与标准曲线比较校正，最终以定性或半定量方式输出检测结果。

【实验材料】

尿液化学分析仪（URIT－500B）及配套试纸（URIT 11G）；尿杯（50 mL）；待测定尿液。

【实验步骤】

1. *准备工作*

（1）样品采集：收集新鲜的尿液样品，确保样品不受污染。

（2）试纸检查：检查试纸条是否在有效期内，并确保其未受潮。

2. *开机*　打开仪器的电源开关，等待系统启动完成。

3. 样品导入

（1）将尿液样品倒入干净的样品杯中。

（2）将试纸条浸入尿液样品中，确保试纸条完全浸湿。

（3）取出试纸条，用滤纸吸干多余的尿液。

4. 样品分析

（1）将处理好的试纸条放入分析仪的测试槽中。

（2）按下“开始”按钮，仪器将自动进行分析。

（3）分析过程中，仪器会通过光学检测和化学反应测量尿液中的各项指标。

5. 结果处理

（1）分析完成后，仪器会显示检测结果，并可以选择打印结果。

（2）尿常规正常参考范围如表6－2。对于异常结果，可能需要进一步的显微镜检查或其他方法加以确认。

表6－2　尿常规的正常参考范围

指标	缩写	参考范围	
尿酮体	KET	15 mg/dL 以下	阴性
亚硝酸盐	NIT		阴性
尿胆原	URO	2 mg/dL 以下	弱阳性
胆红素	BIL	0	阴性
尿蛋白	PRO	15 mg/dL 以下	阴性
尿葡萄糖	GLU	50 mg/dL 以下	阴性
尿比重	SG	1.002~1.030	
尿潜血	BLD	0	阴性
酸碱度	pH	4.6~8.0	
维生素 C	VC	0.285~0.741 mmol/L	
白细胞	WBC	0~5 个/HP	阴性

6. 清洁和维护

（1）使用完毕后，清洁样品导入口和仪器表面。

（2）定期进行仪器校准和维护，确保其正常运行。

【注意事项】

1. 试纸

（1）试纸条应避免潮湿、高温和阳光直射。

（2）从冰箱中拿出的试纸条包装盒应让其恢复至室温再打开筒盖。

（3）试纸条从包装筒中取出即用并立刻盖好盖子。

（4）不可用手触摸试纸测试块表面，避免污染试纸。

（5）不可使用超过使用期限或试纸块已变色的试纸条。

（6）用过的试纸条不可再次使用，应作为普通的医疗废物处理。

2. 样本

（1）需准备清洁干燥的尿液样本的容器。

（2）尽量使用新鲜尿液（中段尿）测定，常温下放置不可超过 1 h，2～8 ℃冰箱放置不可超过 2 h。

（3）测定亚硝酸盐时，尿样最好在膀胱内滞留4 h以上，以确保测定结果更准确。

3. 其他　注射或服用维生素 C 会使亚硝酸盐、胆红素、葡萄糖、隐血试验结果偏低甚至出现假阴性，应停用 10 h 后再进行测定。

【应用】

（一）尿常规与健康

1. 泌尿系统健康　尿常规检测可以反映泌尿系统的感染、炎症、结石和肿瘤等问题，如尿液中白细胞增多可能提示尿路感染。

2. 肾功能评估　通过检测尿蛋白、尿糖和尿红细胞等指标，可以评估肾脏的滤过功能和健康状况。尿蛋白阳性可能提示肾小球损伤。

3. 代谢状况　尿常规可以反映身体的代谢状态。例如，尿糖阳性可能提示糖尿病或血糖控制不佳，而尿酮体阳性可能与糖尿病酮症或饥饿状态有关。

4. 肝功能和胆道系统　尿常规中的胆红素和尿胆原水平可以反映肝脏和胆道系统的健康状况。胆红素阳性可能提示肝炎或胆石症。

5. 酸碱平衡　尿液的 pH 可以反映体内的酸碱平衡状态。异常的 pH 可能与泌尿系统感染、代谢性酸中毒或碱中毒有关。

6. 全身健康状况　尿常规还可以提供关于全身健康的线索。例如，尿液颜色和透明度的变化可能提示脱水、感染或其他系统性疾病。

（二）尿常规与运动

1. 评估运动员的身体状况

（1）肾脏功能评估：尿常规中的尿蛋白、尿比重等指标可以反映肾脏的功能状态。尿蛋白的升高可能提示肾脏滤过功能受损或肌肉损伤，而尿比重的异常则可能反映运动员的水合状态不佳。

（2）泌尿系统健康：尿常规中的白细胞可以帮助诊断泌尿系统感染或其他炎症反应。这对于运动员来说尤为重要，因为泌尿系统感染可能影响运动员的身体健康、训练和运动表现。

2. 监测运动负荷

（1）尿蛋白：尿蛋白对训练负荷强度变化较为敏感，即使增加很低的强度，都有可能增加尿蛋白的排泄量。因此，尿蛋白可以作为评估运动负荷强度的一个指标。大强度运动会使肾小球通透性增高，造成尿蛋白的升高，这有助于教练和运动员了解训练负荷的适宜性。

（2）尿酮体：尿酮体是肝脏内脂肪不完全氧化的代谢产物，包括丙酮、乙酰乙酸和β-羟丁酸。在运动训练中，尿酮体可以用来反映体内脂肪的动员以及代谢情况，同时可以间接评价机体糖储备的情况。

3. 注意事项

（1）样本采集：运动员在进行尿常规检查前应避免摄入含咖啡因的饮料，并保持充足的水分摄入以确保提供足够的尿液样本量。

（2）综合分析：尿常规检查只是评估运动员身体状况和监测运动负荷的一种手段，需要与其他生理生化指标和临床表现相结合进行综合分析。

思考题

（1）尿常规都包括哪些测试指标？

（2）尿常规检测有哪些注意事项？

（3）举例说明尿常规检测在运动实践中的应用。

（左　群）

实验三　血脂四项的测定

【实验目的】

（1）熟悉酶分析法测定血脂四项的基本原理、方法及在运动中的意义。

（2）掌握全自动生化分析仪的使用。

【实验原理】

血脂四项是指总胆固醇(total cholesterol, TC)、三酰甘油(triglyceride, TG)、低密度脂蛋白胆固醇(low density lipoprotein cholesterol, LDL－C)、高密度脂蛋白胆固醇(high density lipoprotein cholesterol, HDL－C)这4项指标,临床上常用来诊断血脂水平是否异常。测试原理如下:

1. TC　胆固醇酯酶(cholesterol esterase, CHE)将酯型胆固醇水解为游离胆固醇和脂肪酸。胆固醇氧化酶(cholesterol oxidase, CHO)将游离胆固醇氧化生成Δ4－胆甾烯－3－酮和过氧化氢(H_2O_2)。过氧化物酶(peroxidase, POD)催化过氧化氢与4－氨基安替比林(4－Aminoantipyrine, 4－APP)和酚反应生成醌系色素。通过测定反应生成的醌系色素的吸光度,可以计算出样品中总胆固醇的含量。

2. TG　脂蛋白脂肪酶(lipoprotein lipase, LPL)将TG水解为甘油和游离脂肪酸。甘油在甘油激酶(glycerol kinase, GK)的作用下转化为甘油－3－磷酸。甘油－3－磷酸氧化酶(glycerol－3－phosphate oxidase, GPO)将甘油－3－磷酸进一步氧化生成磷酸二羟丙酮和过氧化氢(H_2O_2)。在过氧化物酶(peroxidase, POD)的作用下,过氧化氢与4－氨基安替比林(4－APP)和酚类反应生成醌亚胺色素,通过测定此反应的吸光度来计算样品中三酰甘油的含量。

3. LDL－C

(1) 非LDL胆固醇清除:在试剂1中的去污剂和酶作用下,非LDL胆固醇(如高密度脂蛋白胆固醇HDL－C和极低密度脂蛋白胆固醇VLDL－C)被清除。

(2) LDL胆固醇释放和测定:试剂2中的表面活性剂促进LDL颗粒释放出胆固醇,随后胆固醇酯酶(CHE)将胆固醇酯水解为游离胆固醇和脂肪酸,胆固醇氧化酶(CHO)将游离胆固醇氧化生成Δ4－胆甾烯－3－酮和过氧化氢(H_2O_2)。过氧化物酶(POD)催化过氧化氢与显色剂反应生成有色产物。通过测定反应生成的醌亚胺色素在特定波长下的吸光度,可以计算出样品中LDL胆固醇的浓度。

4. HDL－C

(1) 非HDL胆固醇清除:试剂1中的去污剂和酶作用下,非HDL胆固醇(如低密度脂蛋白胆固醇LDL－C和极低密度脂蛋白胆固醇VLDL－C)被清除。

(2) HDL胆固醇释放和测定:试剂2中的表面活性剂促进HDL颗粒释放出胆固醇,随后胆固醇酯酶(CHE)将胆固醇酯水解为游离胆固醇和脂肪酸,胆固醇氧化酶(CHO)将游离胆固醇氧化生成Δ4－胆甾烯－3－酮和过氧化氢

(H_2O_2)。过氧化物酶(POD)催化过氧化氢与显色剂反应生成有色产物。通过测定反应生成的醌亚胺色素在特定波长下的吸光度,可以计算出样品中HDL胆固醇的浓度。

【实验材料】

1. 实验器材 迈瑞自动生化分析仪(如BS-200、BS-400、BS-600M等型号)、分光光度计、恒温水浴箱、离心机、样品架和试剂架。

2. 试剂 胆固醇酯酶(CHE)、胆固醇氧化酶(CHO)、脂蛋白脂肪酶(LPL)、甘油激酶(GK)、甘油-3-磷酸氧化酶(GPO)、过氧化物酶(POD)、试剂1、试剂2、显色剂、缓冲液、校准液、质控品。

【实验步骤】

1. 开机准备

(1) 打开电源:依次打开总电源、UPS电源、分析部主电源、操作部显示器电源和操作部主机电源。

(2) 启动软件:开启操作部主机后,启动操作软件并输入用户名和密码登录。

2. 分析前准备

(1) 检查设备:确保各压力表在正常范围内,去离子水充足,废液管道无堵塞,废液桶已清空。

(2) 装载试剂:将测试用的试剂和显色剂等装载到试剂盘上。

(3) 校准仪器:使用校准液进行仪器校准,确保检测结果准确。

3. 样品处理

(1) 样品准备:将血清样品离心分离,去除血细胞。

(2) 样品装载:将处理好的样品装载到样品架上。

4. 测试步骤

(1) 选择项目:在操作界面选择测试项目。

(2) 添加试剂:自动生化分析仪会自动将试剂和样品混合。

(3) 反应进行:进行呈色反应。

(4) 测量吸光度:通过分光光度计测量反应生成的醌系色素的吸光度。

5. 数据处理

(1) 结果计算:仪器根据吸光度计算出样品中各项指标的浓度。

(2) 结果输出:检测结果会自动记录并输出到实验报告中。血脂四项的正常参考范围如表6-3。

表 6－3　血脂四项的正常参考范围

指　标	缩　写	参考范围
三酰甘油	TG	0～1.7 mmol/L
总胆固醇	TC	3～5.2 mmol/L
低密度脂蛋白胆固醇	LDL－C	0～3.1 mmol/L
高密度脂蛋白胆固醇	HDL－C	0.9～2 mmol/L

6. 关机

（1）保存试剂：将试剂盘内的试剂取出，放入冰箱或冷库保存。

（2）关闭电源：依次关闭操作部主机电源、操作部显示器电源、分析部电源、UPS 电源和总电源。

【注意事项】

1. 试剂和样品准备

（1）试剂保存：确保试剂在规定的温度下保存，避免试剂变质。

（2）样品处理：血清样品应尽快离心分离，避免溶血或脂血对结果的干扰。

2. 仪器操作

（1）校准和质控：定期进行仪器校准和质控，确保检测结果的准确性。

（2）温度控制：确保反应温度恒定，避免温度波动影响反应速度和结果。

3. 操作规范

（1）避免交叉污染：使用一次性吸头，避免样品和试剂之间的交叉污染。

（2）定期维护：定期清洗和维护仪器，确保各部件正常运行。

4. 数据处理

（1）结果复核：对异常结果进行复核，确保数据的准确性。

（2）数据保存：及时保存和备份检测数据，防止数据丢失。

5. 安全操作

（1）防护措施：操作过程中佩戴防护手套和实验服，避免试剂和样品接触皮肤。

（2）废液处理：按照规定处理废液，避免环境污染。

【应用】

（一）血脂四项与健康

TC、LDL－C 和 TG 升高容易引起动脉粥样硬化性心脑血管疾病，如冠心病、心肌梗死、脑卒中等。

1. TC　包括 LDL－C 和 HDL－C。TC 水平过高可能增加心脏病和中风的风险。

2. LDL－C　被称为“坏胆固醇”，过高的 LDL－C 水平会导致动脉硬化，增加心脏病和中风的风险。

3. HDL－C　被称为“好胆固醇”，高水平的 HDL－C 可以帮助清除血液中的胆固醇，降低心脏病的风险。

4. TG　过高的 TG 水平也可能增加心脏病和糖尿病的风险。

（二）血脂四项与运动

1. TC　适量的有氧运动可以帮助降低 TC 水平，特别是针对心血管系统的有氧运动，如跑步、游泳和骑自行车。

2. LDL－C　有氧运动有助于降低 LDL－C 水平，减少心脏病的风险。LDL－C 是目前最重要的血脂检测指标之一。

3. HDL－C　运动可以提高 HDL－C 水平，增强“好胆固醇”的作用，保护心脏健康。

4. TG　适量的运动可以降低 TG 水平，减少脂肪堆积，改善脂质代谢。

思考题

（1）酶分析法测定血脂四项的基本原理是什么？

（2）血脂四项的测定结果在运动实践中能说明什么？

（左　群）

实验四　血清乳酸脱氢酶和肌酸激酶的测定

【实验目的】

（1）了解测定乳酸脱氢酶（lactate dehydrogenase，LDH）和肌酸激酶（creatine kinase，CK）的基本原理、方法及在运动实践中的意义。

（2）掌握全自动生化分析仪的使用。

【实验原理】

1. 乳酸脱氢酶　乳酸脱氢酶催化乳酸氧化为丙酮酸，同时将辅酶 NAD^+ 还原为 NADH。反应方程式如下：

$$乳酸 + NAD^+ \rightarrow 丙酮酸 + NADH \cdot H^+$$

生成的 NADH 在 340 nm 波长下有特定的吸光度。通过测定反应过程中 NADH 生成速率的变化，计算出样本中乳酸脱氢酶的活性。

2. 肌酸激酶　肌酸激酶催化磷酸肌酸和腺苷二磷酸（adenosine diphosphate，ADP）生成肌酸和腺苷三磷酸（adenosine triphosphate，ATP）。ATP 与葡萄糖在己糖激酶（hexokinase，HK）催化下生成 6－磷酸葡萄糖（glucose－6－phosphate，G－6－P）和 ADP。G－6－P 在葡萄糖－6－磷酸脱氢酶（glucose－6－phosphate dehydrogenase，G6PDH）作用下脱氢，同时使氧化型辅酶Ⅱ（nicotinamide adenine dinucleotide phosphate，NADP）还原成还原型辅酶Ⅱ（NADPH）。在 340 nm 波长下检测 NADPH 的生成量，通过吸光度的变化计算出肌酸激酶的活性。

全自动生化分析仪的测试原理主要基于分光光度法和比浊法。分光光度法是利用物质对光的选择性吸收特性：光源发出的光通过单色器分成特定波长的单色光，单色光通过盛有样品溶液的比色池。光电转换器将透过光转换为电信号，送入信号处理系统进行分析。全自动生化分析仪集成了样本处理、试剂管理、反应控制和数据分析等功能，确保高效、准确地进行检测。

【实验材料】

全自动生化分析仪、LDH 和 CK 测定试剂盒。

【操作步骤】

1. 样本准备　使用新鲜血清或抗凝血浆样本，避免溶血和污染。

2. 试剂装载　将 LDH 和 CK 测定试剂盒装载到分析仪中。

3. 校准　使用配套的校准品进行校准。首次使用、换试剂批号、质控漂移或仪器保养后需重新校准。

4. 质控　在开始检测样本前进行质控，确保质控通过后方可进行样本检测。

5. 测试

（1）加入样本（10 μL）和试剂 1（240 μL），在 37 ℃孵育 2~3 min。

（2）加入试剂 2（60 μL），在 37 ℃孵育 1 min 后，连续测定 3 min 内的吸光度变化率（ΔA/min）。

6. 结果分析　通过主波长 340 nm 和次波长 700 nm 测定吸光度，计算 LDH 和 CK 活性。

【注意事项】

(1) 试剂开瓶后应避光保存，在 2～8 ℃可稳定 30 d，避免冰冻。

(2) 操作过程中避免气泡的出现，气泡会影响吸光值读数。

(3) 底物请避光保存。

(4) 不要用其他生产厂家的试剂替换试剂盒中的试剂。

【应用】

(一) LDH、CK 与健康

CK 和 LDH 在临床上均为重要的生化指标，广泛用于疾病的诊断和监测。CK 主要用于评估心肌损伤，急性心肌梗死后 CK 水平通常在 2～4 h 内开始升高，12～48 h 达到峰值，CK－MB 则为心肌损伤的特异性标志物。此外，CK 还可用于评估骨骼肌损伤和某些脑部疾病。而 LDH 作为一种糖酵解酶，其升高通常与组织损伤相关，急性心肌梗死、肝脏疾病（如肝炎和肝癌）、血液系统疾病（如白血病和溶血性贫血）及肌肉疾病等均可导致 LDH 水平显著升高。

(二) LDH、CK 与运动

在运动方面，CK 和 LDH 的水平变化能够反映运动对身体的影响。剧烈运动后，CK 水平通常会显著升高，因肌肉细胞受损而释放入血液，这种升高通常在运动后 12～24 h 达到峰值。LDH 同样在剧烈运动中会出现短暂性升高，尤其是在高强度训练中，LDH 有助于身体更有效地利用能量。长期耐力训练可以提高 LDH1 活性，增强身体在运动过程中的能量代谢能力，而力量训练则增加 LDH5 的活性，增强无氧代谢能力。监测 CK 和 LDH 水平能够帮助评估运动员的训练效果、身体状态及潜在的运动损伤。

思考题

(1) LDH 和 CK 测试有哪些注意事项？

(2) LDH、CK 与运动的关系是什么？

（左　群）

实验五　乳酸阈的测定

【实验目的】

（1）掌握乳酸阈的概念以及乳酸阈的测试原理和方法。

（2）了解乳酸阈的测定在运动实践中的应用和意义。

【实验原理】

无氧阈(anaerobic threshold, AT)指人体在递增强度工作时,由有氧代谢供能转为无氧代谢供能时的转折点或临界点。无氧阈用血乳酸的开始升高来表示称为乳酸无氧阈,也称乳酸阈(lactate threshold, LT)。具体表现为当肌肉运动强度逐渐加大时,血乳酸值由缓慢上升到出现急剧上升,此急剧增加的转折点对应的就是乳酸阈,反映了骨骼肌代谢由有氧代谢为主过渡为无氧代谢为主的临界点。乳酸阈是通过血乳酸浓度的变化与运动强度变化的关系获得的,国内外较广泛地采用血乳酸值为 4 mmol/L 作为乳酸阈值,其所对应的运动强度称为乳酸阈强度。由于乳酸阈存在个体差异,还会通过测定个体乳酸阈来体现个体的差异性。

【实验材料】

功率自行车、心率记录仪、便携式乳酸测试仪、一次性采血针、消毒乙醇和棉球。

【实验步骤】

（1）令受试者佩戴心率记录仪,蹬踏功率自行车,做准备活动 1~2 min。

（2）试验开始后使受试者进行逐级递增功率的定量负荷运动,共分 5 级。男子以 100 W,女子以 50 W 为起始负荷,每级负荷增加 50 W,每级负荷运动时间为 3 min。在第 2、3、4、5 级负荷后即刻采集指血,测试血乳酸值,同时记录心率。

（3）以功率或心率为横坐标,血乳酸值为纵坐标绘制乳酸强度曲线图,找出曲线的拐点。此拐点对应的功率或心率为乳酸阈强度。

（4）如果测定个体乳酸阈的话,需要在运动前安静时、各级负荷后即刻及恢复期第 2、5、8、10、15 min 采集血样。同步骤(3)绘制乳酸动力学变化曲线,最后一级负荷后即刻的血乳酸值定为 A 点,由 A 点做水平线与恢复期曲线相交于 B 点,再由 B 点向递增负荷期曲线做一条切线交于 C 点。C 点所对应的纵坐标为个体乳酸阈乳酸浓度,横坐标为个体乳酸阈强度。

【注意事项】

（1）此试验为逐级递增功率的定量负荷运动，即使采集血样时中间都无休息间歇。

（2）起始负荷和递增负荷的大小应综合考虑受试者的年龄和性别等因素。每级负荷运动时间保持一致。

（3）测定个体乳酸阈时，恢复期保持安静状态，避免影响血乳酸值。

【应用】

在递增负荷运动中，血乳酸浓度会随运动强度递增而增加。乳酸阈反映了骨骼肌代谢方式由有氧代谢为主过渡为无氧代谢为主的临界点。相比最大摄氧量，乳酸阈更能反映骨骼肌的能量代谢状况。随着运动训练水平的提高，乳酸阈的曲线会出现右移，反映了在相同负荷情况下机体有氧代谢能力的提高。因此，乳酸阈用来评价机体有氧代谢能力，同时还是进行耐力训练的重要强度指标。

使用乳酸阈强度进行训练，能最大限度地利用有氧运动能力。根据运动训练的超负荷原则，若提高有氧代谢能力，需以最大有氧代谢能力对应的强度进行训练。虽然不同的人最大有氧代谢能力的临界点有所不同，但在耐力训练中，血乳酸为 4 mmol/L 时对应的运动强度被认为是提高有氧代谢的适宜强度，以这样的强度运动，机体不会产生酸中毒，故能在长时间内进行练习，发展有氧耐力。因此，乳酸阈训练是提高有代谢能力的负荷强度，是当前训练中用得最多的一种模式。

在进行乳酸阈强度训练时，当血乳酸在完成相近强度训练时积累减少，则要再增加强度，以不断提高身体的适应能力。随着训练水平的提高，在一定强度练习时，血乳酸减少和乳酸排除速率增加，结果使乳酸阈提高，乳酸阈曲线右移，这时应提高运动速度才能达到血乳酸的无氧阈值。当运动员出现以上情况时，也说明其有氧能力得到提高。由于乳酸阈存在个体差异，为了在训练中达到更高要求，最好测定运动员的个体乳酸阈，并利用个体无氧阈强度指导训练。

思考题

（1）什么是乳酸阈？如何测试乳酸阈？

（2）乳酸阈测试在运动实践中有哪些作用？

（左　群）

实验六　质粒 DNA 的提取、电泳鉴定及应用

【实验目的】

（1）掌握质粒的概念以及质粒 DNA 的提取和电泳鉴定。

（2）了解质粒 DNA 在运动实践中的应用及意义。

【实验原理】

（一）质粒的概述

质粒（plasmid）是双链闭合环状结构的 DNA 元件，大小在 2～300 kb 之间，以游离形式持续稳定地存在于染色体外。质粒具有自我复制能力，其所携带的遗传信息在重组 DNA 操作（如扩增、筛选等）中具有重要应用价值。质粒通常以超螺旋构型（superhelical configuration，SC）存在，在提取、纯化和保存过程中，细菌质粒会发生降解，单链断裂会使 SC 构型转变成开环构型（open-loop configuratio，OC），双链断裂会变成线性构型（linear configuration，LC）。

质粒作为载体应用于基因治疗领域具有两大优势：① 基因转移过程中，质粒载体具有低毒性、低免疫原性，可耐受核酸酶且转移效率与遗传物质大小无关；② 在基因编辑时，质粒可作为编辑工具 CRISPR/Cas9 系统表达载体和基因修复序列的供体。在细菌、酵母菌、放线菌以及一些动植物细胞中都存在质粒（图 6－1）。

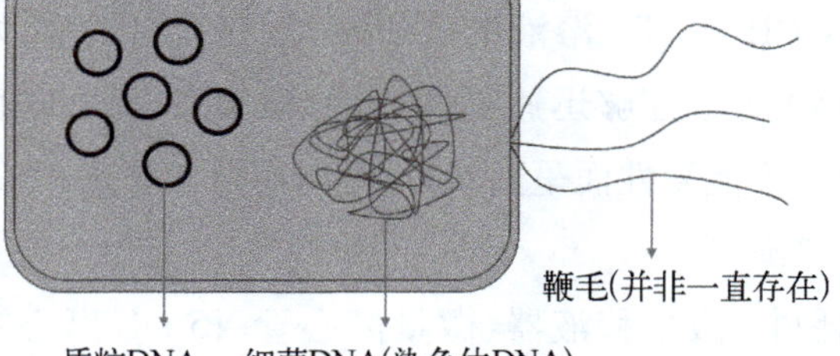

图 6－1　细菌质粒示意图

通过切割相邻的两个核苷酸残基之间的磷酸二酯键，从而导致核酸分子多核苷酸链发生水解断裂的蛋白酶称作核酸酶，是 DNA 重组技术得以创立的工具酶。其中能识别双链 DNA 分子中的某一特定核苷酸序列，并由此切割 DNA 双

链结构的酶称为限制性内切核酸酶(限制性内切酶),主要是从原核生物中分离纯化出来,目前已发现数百种限制性内切酶。酶切后的片段可用琼脂糖凝胶电泳来分离鉴定,进而制作 DNA 分子的限制性酶切图谱。

电泳是分离和纯化 DNA 片段的常用技术。把 DNA 样品加入一块包含电解质的多孔支持介质的样品孔中,置于静电场,DNA 分子因其双螺旋结构骨架两侧带有含负电的磷酸根残基而向阳极移动。当 DNA 长度增加时,来自电场的驱动力和来自凝胶的阻力之间的比率就会降低,不同长度的 DNA 片段就会表现出不同的迁移速率,因而可依据 DNA 分子大小来使其分离。该过程可以通过示踪染料或相对分子质量标准参照物和样品一起进行电泳而得到检测。相对分子质量标准参照物可以提供一个用于确定 DNA 片段大小的标准。依据制备凝胶的材料,凝胶电泳可分为琼脂糖凝胶电泳和聚丙烯酰胺凝胶电泳。相比之下琼脂糖凝胶电泳在分离度上比聚丙烯酰胺差一些,而在分离范围上优于聚丙烯酰胺凝胶电泳。一般琼脂糖凝胶电泳适用于分离大小在 0.2 ~ 50 kb 范围内的 DNA 片段。此外,毛细管凝胶电泳法和液相色谱法也是近年来质粒 DNA 的分离和分析的常用方法。

(二) 质粒 DNA 的提取

质粒的生产主要分为 3 个阶段:培养细菌使质粒扩增;收集并裂解细菌;分离和纯化质粒 DNA。目前已有许多方法可用于质粒 DNA 的提取,包括碱裂解法、煮沸法、CsCl - EB 密度梯度平衡离心等,其中最常用的是碱裂解法,因此此处主要介绍碱裂解法。

1. *原理* 碱裂解法是一种应用最为广泛的制备质粒 DNA 的方法,其基本原理为:当菌体在 NaOH 和 SDS 溶液中裂解时,蛋白质与 DNA 发生变性,当加入中和液后,质粒 DNA 分子能够迅速复性,呈溶解状态,离心时留在上清中;而蛋白质与基因组 DNA 不能复性而呈絮状,离心时可沉淀下来(图 6 - 2)。

2. *仪器、材料及试剂*

(1) 仪器及耗材:微量移液器、微量离心管、15 mL 离心管、台式高速离心机、电泳槽、电泳仪、凝胶成像系统等。

(2) 材料:含有质粒 pQE30 的大肠杆菌 TG1、含 100 μg/mL 氨苄青霉素的 LB 液体培养基。

(3) 试剂及溶液

1) 无水乙醇。

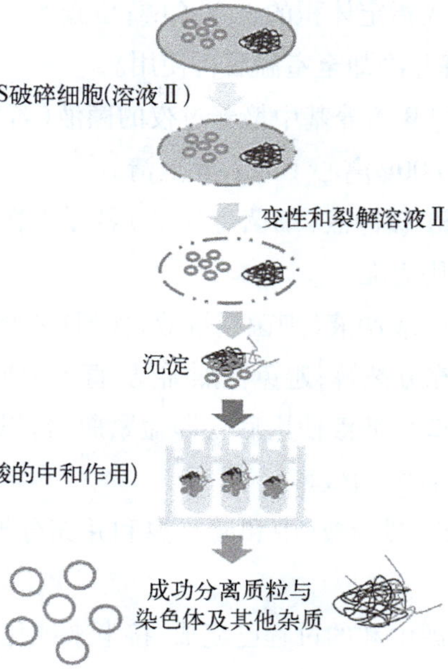

图 6-2　碱裂解法提取质粒示意图

2）1×TBE：称取 Tris 108 g、EDTA 钠二水合物 7.44 g、硼酸 5 g，去离子水溶解并定容至 1 L 配制为 10×TBE 溶液，使用时稀释为 1×。

3）溴乙锭（EB）：10 mg/mL。

4）上样缓冲液：0.25%溴酚蓝，0.25%二甲苯青 FF，40%（W/V）蔗糖水溶液。

5）1%琼脂糖凝胶：称取 1 g 琼脂糖于三角烧瓶中，加 100 mL 0.5×TBE，微波炉加热至完全融化，冷却至 60 ℃左右，加 EB 母液（10 mg/mL）至终浓度 0.5 μg/mL（注意：EB 为强诱变剂，操作时戴手套），轻轻摇匀。缓缓倒入架有梳子的电泳胶板中，勿使有气泡，静置冷却 30 min 以上，轻轻拔出梳子，放入电泳槽中（电泳缓冲液 0.5×TBE），即可上样。

3. 操作步骤

（1）细菌培养：接种含质粒的大肠杆菌加到 10 mL 含氨苄青霉素的 LB 培养液中（最好生物安全柜中操作以避免杂菌），置于 37 ℃摇培过夜（10~12 h）。

（2）裂解细菌：采用苏州优逸兰迪生物科技有限公司（简称 UE）的 UE 质粒小量制备试剂盒（产品货号：UE－MN－P－10/UE－MN－P－50/UE－MN－P－250/UE－MN－P－500）。第一次使用前，RNase 全部加入 S1 缓冲液中，4 ℃

储存;W2 缓冲液中加入指定体积的无水乙醇;检查 S2 缓冲液是否出现沉淀,应于 37 ℃温浴加热溶解并冷却至室温后再使用。

1）取 1~4 mL 在 LB 培养基中培养过夜的菌液(若使用丰富培养基,菌液体积应减半或更少),12 000*g* 离心 1 min,弃上清。

2）加入 250 μL S1 缓冲液(细菌悬浮液)悬浮细菌沉淀,悬浮需均匀,以肉眼观察无明显的小菌块为准。

3）加入 250 μL S2 缓冲液(细菌裂解液,含 SDS/NaOH),温和并充分地上下翻转 4~6 次,使菌体充分裂解,避免剧烈摇晃,直至形成透亮的溶液。此步骤不宜超过 5 min。注意 S2 缓冲液使用后立即盖紧瓶盖,以免空气中的 CO_2 中和 S2 缓冲液中的 NaOH,降低溶菌效率。

4）加入 350 μL S3 缓冲液(中和液),温和并充分地上下翻转混合 6~8 次,12 000*g* 离心 10 min。

(3) 此时菌体裂解中和的过程已完成,接下来纯化质粒 DNA 可以选择离心法或负压法。

A. 离心法

1）A 吸取步骤 4)中的上清,转移到制备管(置于试剂盒内提供的 2 mL 离心管中),12 000*g* 离心 1 min,弃滤液。

2）A 将制备管放回离心管,加入 500 μL W1 缓冲液,12 000*g* 离心 1 min,弃滤液。

3）A 将制备管放回离心管,加入 700 μL W2 缓冲液,12 000*g* 离心 1 min,弃滤液;以同样方法再用 700 μL W2 缓冲液洗涤一次,弃滤液(两次使用 W2 缓冲液冲洗能确保盐分被完全清除,消除对酶切反应的影响)。

4）A 将制备管放回 2 mL 离心管中,12 000*g* 离心 1 min。

B. 负压法

1）B 将质粒 DNA 制备管插到负压装置的接口上。吸取步骤 4)中的上清并转移到制备管中,开启并调节负压至-25~30 英寸(1 英寸=2.54 厘米)汞柱,缓慢吸走管中溶液。

2）B 加入 500 μL W1 缓冲液,吸尽管中溶液。

3）B 加入 700 μL W2 缓冲液,吸尽管中溶液;以同样方法再用 700 μL W2 缓冲液洗涤一次(两次使用 W2 缓冲液冲洗能确保盐分被完全清除,消除对酶切反应的影响)。

4）B 将制备管放回 2 mL 离心管中，12 000g 离心 1 min。

5）将制备管转移进新的 1.5 mL 离心管中，在制备膜中央加 60～80 μL Eluent 或去离子水，室温静置 1 min，12 000g 离心 1 min。

6）以 10 000 r/min 的转速离心 20 s，收集洗下的 DNA 溶液，保存于−20 ℃备用。

（三）质粒 DNA 的电泳鉴定

质粒 DNA 存在三种不同形式的构型，其中超螺旋结构的质粒在细胞中的转染和表达效率最高。一般质粒 DNA 规模化制备的主要目标即为最大限度地提高超螺旋结构的质粒 DNA 比例和特定产量。目前常用的电泳鉴定方式主要有琼脂糖凝胶电泳、毛细管凝胶电泳法。此处主要介绍琼脂糖凝胶电泳法。

1. 基本原理　琼脂糖凝胶电泳（AGE）是 DNA 分析的常用技术之一，具有操作简单、快速和分离范围广等优点，被广泛应用于基础理论研究、农业科学、医学卫生和工业生产等许多领域。AGE 法采用琼脂糖作为电泳支持介质，分析原理基于电泳和分子筛双重作用。DNA 在电泳的过程中带负电荷，在电场的作用下由负极向正极迁移。不同大小和构型的 DNA 在琼脂糖凝胶中的迁移速度不同，从而达到分离的目的。

2. 操作步骤

（1）琼脂糖凝胶液的制备：称取 0.8 g 琼脂糖，置于小烧杯中，加入 100 mL 1×TBE 溶液后，将烧杯放进微波炉加热至琼脂溶解。此外，也可以采用沸水浴或高压锅加热溶解。

（2）胶板的制备：制胶模具、内槽和梳子清洗干净并烘干水分后，将梳子插在制胶模具上。琼脂糖凝胶液冷却至 60 ℃左右时，加入 7.5 μL 溴乙锭（EB），随后将凝胶液匀速倒入制胶内槽中。室温冷却 30 min 后，小心拔出梳子，将带有胶的制胶内槽取出并放入含有电泳缓冲液（TBE 或 TAE）的电泳槽中备用。

（3）加样：取适量质粒 DNA 溶液与上样缓冲液按比例在新的微量离心管中混匀；用微量移液器将标志物及上述样品分别加入胶板的样品孔中，加样时小心操作，防止碰坏样品孔周围的凝胶面。

（4）电泳：将加样结束后的凝胶板通电进行电泳，建议在 80～100 V 的电压或 20 mA 的电流下电泳。当溴酚蓝移动到距离胶板下沿约 1 cm 处时，停止电泳。在低电压条件下，线型 DNA 片段的迁移速率与电压成正比。随着电压的增加，琼脂糖凝胶的有效分离范围会随之减小。为了获得电泳分离 DNA 片段的最大分辨率，电场强度不应高于 5 V/cm。电泳温度视需要而定，大分子 DNA 的分离低温条件下进行较好，也可在室温下进行。琼脂糖凝胶浓度低于 0.5%时，最好在 4 ℃下进行电泳。

（5）观察拍照：电泳结束后的凝胶转移至凝胶成像系统中，拍摄电泳带谱。

（6）结果分析：不同构型的质粒在电泳过程中会形成不同的条带，处于凝胶最前端的是 SC 构型，走在中间位置的是 L 构型，而 OC 构型的质粒处于凝胶的后方。采用 AGE 法分离和区分质粒的不同构型是直接有效的，但在实际操作过程中经常出现一些问题，如凝胶电泳图谱的条带模糊不清、条带弯曲变形或凝胶图谱变形等，使得电泳结果的重复性较差。此外，AGE 法灵敏度较低，对于低浓度的质粒样品，通常只能看到 SC 构型的条带，很难鉴定和定量其他构型的质粒。但可以通过优化实验条件来提高分析的灵敏度、重复性和分辨率，例如用一种新的低离子强度的苏氨酸钠电泳缓冲液来取代标准的 TBE 或者 TAE 缓冲液等。

（四）质粒 DNA 在运动科学领域中的应用

质粒兼具灵活性、多功能性、安全性和成本效益等特点，使分子生物学家能够利用质粒进行广泛的应用。通常，质粒被用来操纵靶细胞中的基因表达。在运动科学领域，由于各个系统的生理病理代谢过程受到运动的广泛调节，包括有氧运动、抗阻运动、高强度间歇运动、振动训练等等运动形式，在临床与动物研究中均被发现对一些疾病能起到良好的治疗作用。在细胞实验中施加牵张应力、压应力、流体剪切力等机械力学刺激也能改变细胞增殖、分化等活动。但是，运动机械应力是如何产生这些效应，即其中的机制一直尚未被阐明，这使得质粒成为一种十分重要的实验工具。

思考题

（1）如何查询质粒图谱？

（2）如何选择合适的载体构建质粒？

（3）质粒 DNA 提取浓度低的因素有哪些？

（4）质粒在运动科学研究领域有哪些应用？

（史仍飞）

第七章

组学技术及应用

【本章提要】

本章主要介绍转录组学、代谢组学和蛋白质组学的原理、方法和应用。转录组学主要介绍转录组技术分离、鉴定、定量细胞表达 RNA 丰度差异的实验方法，代谢组学主要介绍液相色谱–质谱(LC－MS)技术分离、鉴定、定量血浆代谢小分子的方法和条件，蛋白质组学介绍如何分离蛋白质，并对其结构和丰度进行鉴定和定量的实验方法。

【学习目标】

掌握转录组学、代谢组学和蛋白质组学的原理、方法，了解其在运动科学研究中的应用与科学意义。

实验一　小鼠组织转录组学分析

【实验目的】

（1）熟悉转录组学定量生物体各组织、器官和细胞 RNA 丰度差异的原理、方法，了解转录组学在运动科学研究中的应用与科学意义。

（2）掌握转录组技术分离、鉴定、定量细胞表达 RNA 丰度差异的实验方法（溶剂沉淀法和试剂盒层析柱法）。

（3）掌握分析转录组学测序结果的不同方法，并能准确鉴定不同样本中差异性表达的目标基因和基因集。

【实验原理】

转录组学(transcriptomics)是一门研究转录组的新兴学科，研究内容包含生物细胞中整体基因组转录成为 RNA 的数量、性质和变化规律。转录组学包括狭义转录组和广义转录组,狭义转录组即研究细胞中编码并翻译蛋白质的 mRNA 的转录结构和转录产物。广义转录组的研究对象既包括细胞内编码蛋白质的 mRNA,也包括非编码 RNA。

转录组学研究转录产物,并对其进行分类;产生细胞转录谱,获得基因在特定条件下的表达信息,揭示其作用机制;通过识别鉴定基于基因表达谱的分子标签,辨别细胞的表型归属。转录组学定量分析不同样本中基因表达水平变化,是运动科学研究基因调控运动有益健康的分子机制;是增强运动训练效果,提高训练成绩的核心组学手段之一。

转录组学技术研究基因的转录表达,其核心分析技术包括两大类:① 基因芯片,又称为 DNA 微阵列技术,其建立在固载核酸杂交技术之上;② 转录组测序技术,其基础是核酸测序技术。经过二十余年发展,基因芯片技术逐步退出应用市场,转录组测序技术成为了主流转录组学分析技术。转录组测序技术有效克服了 DNA 微阵列技术的多种局限性,显著提高了转录组分析的灵敏度、通量和效率。研究人员首先通过裂解组织或细胞提取所有 RNA,并将其中的 mRNA 通过反转录合成构建 cDNA 文库。mRNA 测序(mRNA sequencing, mRNA - Seq)法利用高通量测序技术对 cDNA 文库进行测序,通过统计特定 cDNA 片段读段数计算出细胞中对应的特定 mRNA 的表达水平。结合生物信息学方法定量比较不同样本中某一基因的表达差异,并鉴定与组织、动物或细胞表型变化相关的基因。该技术也可用于发现新的转录本,并阐述其在生理、病理,尤其是运动过程中的功能和机制。

【实验材料】

1. 实验器材　冷冻研磨仪、组织匀浆研磨机、离心机、DNA 纯化磁珠(如 AMPure®XP beads 等)和磁力架、研磨珠、Kimwipes 无尘纸,NanoDrop 微量分光光度计、PCR 热循环仪、琼脂糖凝胶电泳仪、Qubit 荧光计、高通量测序平台(如 Illumina Novaseq 6000 测序平台等)。

2. 试剂　Trizol、生理盐水、乙醇、异丙醇、氯仿、RNA 纯化试剂盒(如 Qiagen 公司生产的 RNeasy Plus Mini Kit 等试剂盒)、cDNA 反义链合成试剂盒(如 Beyotime 等公司)、无 RNA 酶的水(RNase - free H_2O)、无核酸酶的水(nuclease-free water)、Tn5 转座酶试剂盒、Phusion DNA 聚合酶试剂盒。

【实验步骤】

1. Trizol 溶剂沉淀法提取小鼠肝脏、股四头肌组织 RNA

（1）将离心机、研磨珠和 Trizol 提前在 4 ℃ 预冷，并将异丙醇放于−20 ℃ 冰箱预冷。镊子和剪刀提前高压灭菌。

（2）C57BL/6J 小鼠脱颈处死后，取肝脏、股四头肌组织并迅速保存于−80 ℃ 冷冻。

（3）使用经无菌消毒的镊子和剪刀剪取并称重 10～20 mg 小鼠相应组织，小心转移到相应标记的 1.5 mL 离心管内。每个离心管事先加入 3 颗冰冷的研磨珠和 1 mL Trizol。

（4）将离心管放入组织匀浆研磨机中，研磨机的频率设置为 60 Hz，每次研磨 30 s，总共研磨 3 次，每次研磨之间间隔 10 s。

（5）将离心管在 4 ℃ 静置 5 min 后，在 4 ℃ 下以 12 000 r/min 的转速离心 10 min。

（6）离心完毕后，离心管中形成 3 层液相，从上往下依次为油脂层、提取物层和碎片层。小心吸取 350 μL 提取物层液体，转移至无核酸酶离心管中。随后加入 75 μL 氯仿，使用涡旋器振荡混匀。

（7）将该离心管置于 4 ℃ 静置 10 min，随后在 4 ℃ 下以 12 000 r/min 的转速离心 10 min。离心后样品管内形成 3 层液相，从上到下依次含有 RNA、DNA 和蛋白质。小心吸取 150 μL 上清移入新无核酸酶离心管中。

（8）在管中加入 150 μL 异丙醇并使用涡旋器振荡混匀，将混合液在冰上静置 30 min。随即在 4 ℃ 下以 12 000 r/min 的转速离心 10 min。

（9）观察管底有无 mRNA 沉淀。直接小心倾倒离心管，弃去上清。使用无尘纸吸干管口多余水分。随后加入 500 μL 的 75% 乙醇水溶液（水为 DEPC 处理的无 RNA 酶的水），使用涡旋器振荡混匀。在 4 ℃ 下以 12 000 r/min 的转速离心 5 min，倒去上清，并使用移液器吸干残液。在实验桌上铺一层无尘纸，打开离心管盖并倒置于其上。在室温晾干 RNA 沉淀 15 min，或适当延长时间，直至 RNA 沉淀变透明。

（10）使用 100 μL DEPC 处理过的无 RNA 酶的水溶解 RNA 沉淀，移液器吹打混匀。随后使用金属浴加热至 60 ℃，10 min 充分溶解 mRNA。水的体积根据 RNA 量可自行调整。

2. 试剂盒层析柱法提取组织和细胞 RNA

(1) 小鼠组织样品破碎裂解后,称取适量组织,置于研磨破碎管内。一般组织量不超过 30 mg,对于细胞样品实验,则细胞量少于 1×10^7个。

(2) 使用 Qiagen 公司生产的 RNeasy Plus Mini Kit 等试剂盒,加入 600 μL RLT Plus 缓冲液到研磨破碎管中,启动研磨仪,确保均质匀浆组织或细胞样品。

(3) 裂解混合物置于室温静置 5 min,在室温下以 12 000g 转速离心 3 min。使上清液和沉淀相分离。弃去沉淀,将上清全部转移至试剂盒内的 DNA 纯化层析柱中,分离 RNA 和 DNA。DNA 结合于层析柱中。RNA 不结合层析柱。

(4) 纯化 RNA:在上述收集管中加入等体积的 70%乙醇溶液(以无核酸酶的水为溶剂),使用移液器吹打混匀。

(5) 将该混合液转移至带有收集管的新 RNA 纯化层析柱(RNeasy spin column)中,在室温下以 10 000g 转速离心 30 s,RNA 结合至 RNA 纯化层析柱中。再次加入剩余混合液进行离心,直到样品 RNA 完全结合至该吸附柱。

(6) 加入 700 μL RW1 缓冲液到该层析柱中,在室温下以 10 000g 转速条件离心 30 s,弃废液。

(7) 加入 500 μL RPE 缓冲液到该层析柱中,在室温下以 10 000g 转速条件离心 30 s,弃废液,重复两次。

(8) 层析柱在室温以 16 000g 转速离心 2 min,将层析柱转移到 1.5 mL 离心管中。

(9) 加入 35 μL 左右无 RNA 酶的水到层析柱中,室温静置 1 min。在室温以 16 000g 转速离心 2 min 收集 RNA。

3. 提取 RNA 的质量控制检测　将提取 RNA 样品用上样缓冲液稀释,并进行琼脂糖凝胶电泳,紫外检测电泳条带的质量和 RNA 完整性。质量完好的总 RNA 包含清晰的 18S 和 28S 条带。随即使用 NanoDrop 微量分光光度计测定其浓度和纯度。质量完好的 RNA 浓度需大于等于 100 ng/μL,OD260/280 大于等于 1.8,OD260/230 比值为 2.0~2.2 之间。

4. RNA 的反转录

(1) 取 1 000 ng/μL 的 RNA 样品 RNA 2 μL(2 μg),用 oligo-dT 引物进行反转录。第一轮反转录 PCR 扩增将以 RNA 为模板,在反转录酶催化下,反转录得到 cDNA 反义链。常见反应液成分体系如表 7-1 所示。

表 7－1　RNA 反转录试剂配方表　　单位：μL

试　　剂	加 样 量
反转录酶	1.0
RNA 酶抑制剂	0.5
5×第一链缓冲液	4.0
DTT(100 mmol/L)	1.0
甜菜碱(5 mol/L)	4.0
$MgCl_2$(1 mol/L)	0.12
模板置换寡核苷酸(TSO)引物(100 μmol/L)	0.2
DEPC 处理过的无 RNA 酶的水	3.18
RNA 反应混合液	6.0
反应液总体积	20

反应液依次混合后，将该反应液置于 PCR 热循环仪中进行第一轮 cDNA 反义链合成，合成程序如表 7－2。

表 7－2　cDNA 反义链合成程序示意表

<table>
<tr><td>42 ℃</td><td>50 ℃</td><td>42 ℃</td><td>70 ℃</td><td>4 ℃</td></tr>
<tr><td rowspan="2">90 min</td><td>2 min</td><td>2 min</td><td>15 min</td><td>∞</td></tr>
<tr><td colspan="2">10 循环</td><td></td><td></td></tr>
</table>

(2) cDNA 反义链合成结束后，将 20 μL 第一轮 cDNA 反义链合成所有产物，按以下成分表混合其他试剂，进行第二轮 cDNA 正义链的合成(表 7－3)。

表 7－3　第二轮 cDNA 反义链合成试剂配方表　　单位：μL

试　　剂	加 样 量
第一轮 cDNA 反义链合成所有产物	20
5×Phusion 缓冲液	10
Phusion DNA 聚合酶	1
2.5 mmol/L dNTPs	4
cDNA 合成引物(10 μmol/L)	0.5
无核酸酶的水	14.5
反应液总体积	50

cDNA 正义链混合液依次混合后，将该反应液置于 PCR 热循环仪中进行 cDNA 正义链合成，合成程序如表 7－4。

表 7－4　第二轮 cDNA 反义链合成程序示意表

<table>
<tr><td>98 ℃</td><td>98 ℃</td><td>58 ℃</td><td>72 ℃</td><td>72 ℃</td><td>4 ℃</td></tr>
<tr><td rowspan="2">3 min</td><td>15 s</td><td>15 s</td><td>6 min</td><td rowspan="2">5 min</td><td rowspan="2">∞</td></tr>
<tr><td colspan="3">18 循环</td></tr>
</table>

5. cDNA 产物纯化

（1）cDNA 正义链合成结束后，将以上 cDNA 双链产物低速短暂离心。加入 1∶1 体积（50 μL）DNA 纯化磁珠，使用涡旋器振荡混匀。将混合液在室温静置 5 min 使其初步沉降，随即转移至磁力架上放置 5 min，使磁珠完全沉降。

（2）配制 80%乙醇溶液，在磁力架上用移液器小心吸去上清。加入 200 μL 80%乙醇溶液，室温静置约 1 min 使磁珠沉降。再用移液器吸去上清。重复以上操作洗涤一次。

（3）用移液器吸去上清，打开离心管盖，将样品置于空气中室温晾干 2 min。加入 22.5 μL 无核酸酶的水溶解 cDNA。使用涡旋器振荡混匀。离心管置于磁力架上在室温放置 5 min，待磁珠沉降完毕后，用移液器小心移取上清 20 μL 至新离心管。

6. 建立 cDNA 文库

（1）将 cDNA 片段化为 300～500 bp 大小区间的 cDNA。将各反应物按照表 7－5 配方混合，随即将反应液置于 PCR 热循环仪中，程序为 55 ℃，10 min 反应。

表 7－5　cDNA 片段化反应试剂配方表　　单位：μL

试　剂	加 样 量
2×片段化缓冲液	10.0
转座酶混合液	5.0
无核酸酶的水	4.0
cDNA（1 ng/μL）	1.0
反应液总体积	20.0

待反应结束后将反应物置于冰上，并立即加入 5 μL 的 5×终止反应溶液终止反应。使用涡旋器振荡混匀后用台式小离心机低速短暂离心，将反应液在冰上放置 5 min。

（2）将片段化的 cDNA 样品与 DNA 标签接头和 DNA 聚合酶混合，反应液组分见表 7－6。反应液置于 PCR 热循环仪中进行扩增，使片段化的 cDNA 片段带上条形码接头标签。

表 7－6　片段化 cDNA 标签化反应试剂配方表　　单位：μL

试　剂	加 样 量
5×Phusion 缓冲液	10
Phusion 酶	1.0
2.5 mmol/L dNTPs	4.0
DNA 标签接头（Adapter） Index N5	3.0
DNA 标签接头（Adapter） Index N7	3.0
无核酸酶的水	4.0
前一步反应产物	25.0
反应液总体积	50

将该反应液置于 PCR 热循环仪中进行扩增反应，程序如表 7－7。

表 7－7　片段化 cDNA 标签化反应程序示意表

<table>
<tr><td>72 ℃</td><td>98 ℃</td><td>98 ℃</td><td>58 ℃</td><td>72 ℃</td><td>72 ℃</td><td>4 ℃</td></tr>
<tr><td rowspan="2">3 min</td><td rowspan="2">30 s</td><td>15 s</td><td>15 s</td><td>1 min</td><td>5 min</td><td>∞</td></tr>
<tr><td colspan="3">15 循环</td><td></td><td></td></tr>
</table>

（3）DNA 分选。将 PCR 管短暂离心，加入 27 μL DNA 纯化磁珠混匀，室温静置 5 min，置于磁力架上放置 5 min。吸取 75 μL 上清液至新管中，加入 10 μL 磁珠混匀，室温静置 5 min，置于磁力架上放置 5 min。吸去上清，使用 200 μL 80%乙醇溶液洗两次。空气中室温晾干 5 min，加入 15 μL 无核酸酶的水涡旋器振荡混匀。室温静置磁珠 5 min 后置于磁力架上再静置 5 min 使其充分沉降，吸取上清并冻存于−20 ℃。

（4）文库质量检测。

1）方法一：利用 Qubit 荧光计（ThermoFisher Scientific 公司生产的台式荧光定量仪，用于高精度定量测定 DNA、RNA、microRNA 和蛋白质浓度与质量）检测以上 cDNA 文库浓度。

2）方法二：使用 Agilent 片段分析仪（Agilent Technologies 公司生产的实验仪器，利用自动化平行毛细管电泳技术检测）检测文库片段长度，确保基因文库质量符合要求。

3）方法三：使用 TapeStastion 软件（仪器：2200TapeStation；软件：TapeStation controller；Agilent Technologies 公司生产）测量片段大小以及浓度。

（5）根据摩尔浓度混合样本，送测序公司进行测序。

7. 质量控制

（1）测序公司根据质检合格文库的有效浓度和目标数据量，使用 Illumina Novaseq 6000 测序平台对文库进行 PE150 测序。其方法为使用高通量双端测序，每端各测 150 bp 长度的序列。测序后将产生大量高质量数据，称之为原始数据（Raw Data）。

（2）对原始数据进行质量控制，其目的是了解原始测序数据的整体质量情况。原始数据（Raw Data）数据组成并不均一，可能包含 DNA 标签接头（adapter）序列、低质量读数结果及模糊碱基比例较高的序列。FastQC（v0.11.9）软件（下载网址和教程为 https://www.bioinformatics.babraham.ac.uk/projects/fastqc/）是一类有效对高通量测序平台的原始数据进行质量检测的软件。FastQC 软件通过快速浏览原始数据的质量控制结果，可以判断数据是否存在质量问题，从原始数据中筛选高质量数据（clean Data）做进一步评估。

（3）利用碱基质量值（Q-score）对所有碱基的质量进行评估。碱基质量值 Q-score 是对碱基读取中出错概率的预测。碱基的质量值越高，说明碱基识别的出错率越低，识别的精度越高。碱基测序的错误率 P 与 Q-score 的关系：$Q=-10\log_{10}P$，如果某碱基出错的概率为 0.001，则该碱基的质量值 Q 应该为 30。

（4）使用软件 fastp（版本 v0.22.0，下载网址和操作指南参见 https://github.com/OpenGene/fastp）去除测序数据中不均一的部分。第一步，fastp 剔除原始测序数据中片段化 cDNA 带上条形码接头标签这一步骤产生的测序接头序列；第二步，fastp 将有效剔除，原始序列混有一定数量的低质量碱基测序结果；第三步，fastp 可有效剔除，测序结果中部分读数碱基不明确的数据。在剔除以上所有低质量结果后，进一步的质量控制操作保留了测序长度至少为 75 bp 的结果。

剩余的高质量数据方可与参考基因序列进行比对。

【计算】

（1）将 fastp 剔除低质量数据后的测序结果进行序列比对，鉴定表达量发生变化的基因。原始测序数据进行质量控制过滤后产生的序列格式为 FastQ 格式，将该 FastQ 格式结果与目标基因的序列，又称为参考序列进行序列比较。RNA 在转录后经历加工过程，去除内含子，将外显子拼接为成熟 RNA 序列。因此，测序数据的序列和参考序列的比对将会出现一个测序读数比对到参考基因组上的两个不同位置的现象（称之为 split read）。为了更好地进行序列比对，实验人员可以使用支持 split read 比对的软件，诸如 STAR（v2.4.2a，下载网址和操作指南参见 https://github.com/alexdobin/STAR），或者 HISAT2（v2.1.0，下载网址和操作指南参见 http://daehwankimlab.github.io/hisat2/download/）。比对 RNA 测序数据到参考基因组，小鼠基因组版本为 mm10，或者人类基因组版本 hg38。以上文件可以从 UCSC Genome Browser 网站上获取，其网址为 https://genome.ucsc.edu/。

（2）运行上述安装的 STAR 软件获得 RNA 比对 bam 文件，统计展示每个文库的数据情况。再次对测序文库进行质量检查。并利用快速高效的 RNA - Seq 序列比对组装器 StringTie 软件对转录本组装并统计基因丰度表达，该软件的下载包地址为 ccb.jhu.edu/software/stringtie/dL/stringtie-2.2.1.Linux_x86_64.tar.gz，其详细操作手册网址 https://ccb.jhu.edu/software/stringtie/index.shtml?t=manual。基因长度和测序深度对基因定量结果会产生显著影响，因此需要使用 TPM（Transcripts Per Kilobase Million）作为标准化值，不同样本测序结果经过以上标准化处理后方能进行比较。

（3）相关性分析可通过计算每对样本间基因表达量的相关性，展示这些样本在基因表达上互相存在的相似性或者差异性。相关性的定量结果由相关系数（correlation coefficient）表示，相关系数接近于 1.0，表明样品间表达模式高度相似。R 语言的 cor 函数是用于计算不同样本基因表达相关系数的重要工具。其简明教程参见网址 https://www.statology.org/r-cor-function/。pheatmap 软件作图可以展示相关性计算结果，其下载网址和操作指南参见 https://cran.r-project.org/web/packages/pheatmap/index.html。除了相关系数，聚类树图（dendrogram）也可以可视化样本与样本间的相关性。

（4）主成分分析（principal component analysis，PCA）分析。采用 R 语言

prcomp 函数(其下载和简明教程参见网址 https://www.statology.org/principal-components-analysis-in-r/)对样本进行主成分分析,取较大的两个特征值作二维图。

(5) 组间差异分析。通过 StringTie(v2.1.1)软件进行基因定量分析时,已经预先过滤在所有样本中均无表达(read count=0)的基因,最终获得的基因表达矩阵仅包含有表达信号的基因。组内有生物学重复样本时,采用 DESeq2 软件(其下载和简明教程参见网址 https://bioconductor.org/packages/devel/bioc/vignettes/DESeq2/inst/doc/DESeq2.html)进行差异分析。组内无生物学重复样本时,采用 edgeR 软件(其下载和简明教程参见网址 https://bioconductor.org/packages/release/bioc/vignettes/edgeR/inst/doc/edgeRUsersGuide.pdf)进行差异分析。差异基因筛选的条件为 $|\log_2FC| \geq 1$, $p-adjust \leq 0.05$(该阈值根据项目调整)。

(6) 基因功能富集分析。利用 R package ClusterProfiler(软件 v4.2.2,其下载和简明教程参见网址 https://bioconductor.statistik.tu-dortmund.de/packages/2.8/bioc/vignettes/clusterProfiler/inst/doc/clusterProfiler.pdf, https://bioconductor.org/packages/release/bioc/html/edgeR.html)对差异基因进行京都基因和基因组数据库(Kyoto Encyclopedia of Genes and Genomes, KEGG)和基因本体论 GO(gene ontology)富集分析,以确定已知的生物学功能或过程是否在实验得到的差异列表中被过度表达,筛选 $P \leq 0.05$ 为显著通路。

(7) 基因集富集分析,计算错误发现率(False Discovery Rate, FDR)值。将所有基因按照表达量变化倍数的对数值 $\log_2FC$ 从大到小排序作集富集分析,分析函数为 R package ClusterProfiler 中 gseKEGG 和 gseGO。NES=Normalized enrichment score,代表某一功能基因集的富集分数/数据集所有随机组合得到的富集分数的平均值。该数值越大,此功能基因集为富集基因集。通常认为 $|NES|>1$, $P<0.05$, $FDR/q-val<0.25$ 的通路下的基因集是有意义的。

R package ClusterProfiler 软件分析步骤如下:

1) 利用所有基因的表达量信息,以最常见的 Log_2FoldChange 为标准,对基因进行排序。

2) 分析特定基因集(京都基因和基因组数据库 KEGG:为所有通路基因;基因本体论 GO:为某一 Goterm 基因)在所有基因的排名中是否更为靠前或靠后,然后对该基因集所在的通路 Goterm 进行打分,分值称为 ES(enrichment score)值。

3) 基于基因集进行排列检验,计算出显著性 P 值,最后对归一化的 ES 值

(NES 值)进行多种检验矫正,得到 FDR 值。

【注意事项】

(1) 从组织或细胞中提取 RNA 要防止降解,所有试剂耗材皆要达到无 RNA 酶级别的要求。特别是水,需要用 DEPC 处理水或者商品化无核酸酶的水进行实验。离心需要在 4 ℃低温下进行,RNA 可以短暂放在冰上,暂时不用时必须储存于-80 ℃。

(2) 转录组学实验过程要尽量排除微生物,诸如细菌和支原体污染 RNA,细胞或组织样品。

(3) 转录组学研究步骤极多,每一步需要严格按照操作规范进行,RNA 质量控制极为重要,只有质量合格的 RNA 才能进行下一步转录组分析。

【应用】

在运动科学中,转录组学方法可以比较不同运动方式干预条件下,人类或动物器官、组织或细胞的基因表达变化。样本的 mRNA 含量升高或者降低,提示该基因可能和运动的生理效应,或者表型相关联。因此,转录组学分析揭示了运动调控基因表达变化的规律,为阐明运动改善人体健康的分子机制提供了重要证据和研究方向。

然而,mRNA 含量升高或者降低并不代表该基因的蛋白质水平会有相应的变化。因此,转录组学的研究结果还需要结合其他研究方式,诸如蛋白质组学和常规生物化学实验方法,诸如荧光定量 PCR、蛋白质印迹法进行综合验证考虑。另外一种情况是,某些蛋白质可能在 mRNA 水平上并无变化,然而由于蛋白稳定性变化,使其在样本中的蛋白质丰度有变化。这样的基因功能就难以单独使用转录组学进行鉴定研究。因此蛋白质组学等组学技术和转录组学相辅相成,是运动科学研究基因和蛋白质功能不可或缺的方法。

思考题

(1) 概述从提取 RNA 至分析不同样本中基因表达差异的完整流程。

(2) 分析 RNA 提取中可能出现的影响 RNA 质量的因素,并提出解决方法。

(3) 论述检测提取的 RNA 的质量的方法和评价标准。

(4) 论述检测反转录合成的 cDNA 质量的方法和评价标准。

实验二　人类运动后血浆小分子代谢组学分析

【实验目的】

(1) 熟悉代谢组学鉴定人类运动后血浆差异变化小分子的原理、方法及代谢组学在运动科学研究中的意义。

(2) 掌握运动干预的设计，血样的采集和血浆的分离。

(3) 了解液相色谱-质谱(LC-MS)技术分离、鉴定、定量血浆代谢小分子的方法和条件。

(4) 掌握分析代谢组学实验结果的方法，具备鉴定血浆中差异性表达代谢小分子的能力。

【实验原理】

代谢组学(metabonomics)是研究生物体、器官、组织或细胞的内源性代谢产物在内外因素的作用下，其结构、数量、种类变化规律的科学。代谢组学分析的样本来源于各种生物的体液或者细胞提取液，其研究对象是分子量在 1 000 Da 以下的各种代谢路径的底物和产物，主要由碳水化合物、脂质、氨基酸、核苷和其他功能小分子组成。代谢组学是系统生物学的重要分支学科，其理论建立在多变量分析方法-聚类分析(cluster analysis)基础之上，旨在通过信息建模与系统整合揭示生物体系的代谢调控网络。代谢组学的具体分析手段则建立在核磁共振和色谱-质谱的高通量检测和相应数据分析之上。

人类和动物在剧烈运动后，骨骼肌、肝脏等组织代谢活性急剧增加，体内能源物质分解加快，导致大量代谢产物和中间体通过血液循环进入全身。这些小分子通过各种途径与不同组织器官作用，调控机体运动能力和能量代谢。代谢组学利用有机溶剂萃取血浆内代谢小分子，以此除去核酸和蛋白质等大分子。进一步通过液相色谱进行分离，使用标准样品对分离小分子进行比对，初步确认目标小分子在层析柱中的位置和丰度。液相色谱联用的小分子质谱仪则对分离的小分子进一步鉴定，并对其丰度进行定量，因此可以比较不同样本中特定代谢小分子的丰度差异。

代谢组学有两种基本模式。非靶向代谢组学研究生物样本中非特定小分子的含量和性质变化，一般采用核磁共振（nuclear magnetic resonance, NMR）、液相色谱串联质谱法（liquid chromatography tandem mass spectrometry, LC－MS）和气相色谱串联质谱法（gas chromatography tandem mass spectrometry, GC－MS）进行分析。靶向代谢组学则聚焦特定结构小分子，主要使用串联质谱法，其灵敏度高。但对样品有破坏，且对样品的制备要求较高。相较于非靶向代谢组所使用的高分辨静电场轨道阱和飞行时间质谱仪，靶向代谢组学大多使用低分辨四级杆、线性离子阱质谱仪，其灵敏度更高，扫描速度更快，检测线更低，定量更准确。

【实验材料】

1. 实验器材　双能量X射线吸收仪（DPX－IQ DEXA Scanner, Lunar）、功率自行车（893E, Monark Ergomedic）、跑台（1055－SRM－D65, Columbus Instruments公司）、采血针（VenflonTM Pro Safety, BD）、肝素锂试管、低温离心机、液相质谱样品瓶、四级杆飞行时间液相色谱-质谱。

2. 试剂　乙腈、甲醇、氨水、醋酸胺。

【实验步骤】

本实验采用的血浆靶向代谢组学分析实验流程基于Li等人的工作（doi: 10.1038/s41586－022－04828－5），测定剧烈运动后人体血浆中乳酸-苯丙氨酸代谢物（Lac－Phe）的动态变化。

（1）实验对象：招募8名年轻男性，平均年龄为26.5±3.7岁，且从不吸烟。其身体质量指数BMI为23.5±2.1 kg/m^2，每周规律性运动。受试者均以书面和口头等方式表示已知晓运动中可能出现的风险。在进行运动试验前48 h内不进行任何拉伸性体力活动。测试前1日，对受试者提供称重的标准化饮食，其中碳水化合物占总能量60%，脂肪占25%，蛋白质占15%。在测试的前一日禁食10～12 h，当天乘车于早晨8: 00来到训练中心。

（2）运动测试开始前，使用Lunar公司生产的双能量X射线吸收仪对其体成分进行测定。

（3）使用Monark公司生产的Monark Ergomedic 893E型自行车，对受试者开展递增坡度试验（incremental ramp test），测试条件如下：功率定为100 W/5 min，接下来150 W/5 min。随后每分钟功率增加25 W，直至受试者力竭。测试受试者最大摄氧量，评价其训练状况，并为后续的正式测试提供个性化的负荷设计。

（4）在正式测试时，以上8名受试者进行3项运动训练：① 耐力训练，在55%最大摄氧量运动强度下骑车90 min；② 冲刺训练，受试者坐于Wingate功率自行车上，首先调节功率为 50 W，进行 5 min 准备活动，随即进行 3 组冲刺训练，每组 30 s，每组间隔 4 min，其间进行低强度恢复，功率为 5 W；③ 抗阻训练，以双侧膝关节伸展运动为基础。首先热身，包括 3 组 10 次重复，负荷为 50%的 10 RM (repetition maximum，最大重复次数)。每组热身运动中有 2 min 的休息时间。热身后，以 10 RM 的负荷进行 6 组，每组重复 10 次，每组之间休息 2 min。

(5) 在受试者开始运动时(0 min)，以及运动结束恢复阶段(15、60、120 和 180 min)时，使用采血针自受试者的肘前静脉进行采血，转移至肝素锂(lithium heparin)试管，立刻置于冰上保存。

(6) 新鲜血液离心后，吸取位于上层的血浆分装，一部保存于-80 ℃备用。50 μL 血浆用 150 μL 乙腈：甲醇混合液(2：1)剧烈摇晃至混匀，萃取极性代谢物。

(7) 样品在转速 15 000 r/min，4 ℃离心 10 min 除去不溶物。将上清转移入液相质谱样品瓶进行 LC-MS 分析。

(8) 使用 Luna 5 μm NH_2 100 Å 液相层析柱对极性代谢小分子进行分离。流动相条件为：缓冲液 A，乙腈：甲醇=95：5+0.2%氨水+10 mmol/L 醋酸胺；缓冲液 B，100%乙腈。液相色谱洗脱时流动相梯度为：① 100%缓冲液 B，流速 0.2 mL/min，时间 0~2 min。② 该梯度以 0.7 mL/min 的流速，线性增加至 50%缓冲液 A/50% Buffer B，时间 2~20 min。③ 随即维持在 50%缓冲液 A/50%缓冲液 B，时间 20~25 min。使用 XCMS 软件鉴定不同化合物峰。标准样品为 Lac-Phe 溶液。

(9) 使用 Agilent 6470 triple quadrupole LC-MS 四级杆飞行时间液相色谱-质谱进行靶向代谢组学研究鉴定不同样本中代谢小分子 Lac-Phe 的结构和丰度，该方法以电喷雾(ESI)为离子源。气化温度设定为 250 ℃，干燥气流温度设定为 300 ℃，气流速度为 12 L/min。雾化吸入器(nebulizer)压强设定为 25 psi。毛细管电压设定为 3 500 V。

【计算】

(1) 使用 Agilent QQQ 6470 质谱仪的 Agilent's LC/MS Data Acquision software (version B.08.02)软件收集以上靶向代谢组学的数据。使用 Agilent Qualitative Analysis (version B.07.00)软件分析数据，XCMS 软件鉴定不同化合物峰结果用 XCMS online(其下载和操作规程网址参见 https://xcmsonline.scripps.edu)软件进行分析。

（2）将不同浓度的标准品 Lac－Phe 溶液和质谱信号强度作图，得到工作曲线和函数方程式，用来计算不同样本中内源性 Lac－Phe 的浓度。作图及统计学分析的软件为 Prism version 8.0（下载网址为 https://www.graphpad.com/scientific-software/prism/%20RRID：%20SCR_002798/）and RStudio（下载网址为 https://posit.co/downloads/）。将不同样本的 Lac－Phe 化合物对应峰值强度代入该方程式，并折算入血浆的稀释比例。最终计算得到不同血浆样本的 Lac－Phe 化合物浓度值，并进行统计学检验比较。浓度值以 mean±s.e.m 格式展现，使用 Two-way analysis of variance with repeated measures in one factor 统计学方法分析 Lac－Phe 随着时间的变化而产生的浓度变化。

【注意事项】

（1）血清或血浆样本应尽快从样本中分离，防止小分子降解。暂时不用可以储存于－80 ℃。

（2）靶向代谢组学研究需要事先合成目标小分子作为标准样品，以便进行比对，确认和定量。

（3）除血清或血浆样本外，还可以测试组织或细胞样本，但需要做相应的前期处理。

【应用】

代谢组学技术可以绘制特定代谢物在不同条件下专一性变化的规律，又称之为“代谢指纹”（metabolic fingerprints）。绘制特定的代谢指纹为发现潜在的生物标志物，进而为研究机制、药物治疗及疾病预测等提供了可能性。代谢组学检测的样本类型广泛，包括血清、动物组织、尿液、粪便、细胞、菌体、培养液、发酵液等。在运动科学中，代谢组学可以发现机体运动后丰度急剧变化的代谢小分子，以及发现未知的代谢分子，阐述它们在运动改善机体健康中的功能和作用。

思考题

（1）代谢组学检测小分子代谢物的分析方法有哪些？

（2）靶向代谢组学和非靶向代谢组学的区别是什么？

（3）概述从运动后人体血浆提取代谢物进行代谢组学分析的过程和注意事项。

实验三　人类运动后白色脂肪组织蛋白质组学分析

【实验目的】

（1）熟悉蛋白质组学定量生物体器官、组织和细胞总蛋白丰度和结构差异的原理、方法，了解蛋白质组学在运动科学研究中的应用与科学意义。

（2）掌握蛋白质组学技术分离运动后蛋白质，并对其结构和丰度进行鉴定和定量的实验方法。

（3）掌握分析蛋白质组学实验结果的不同方法，并能准确鉴定不同样本中差异性表达的目标蛋白质。

【实验原理】

蛋白质组（proteome）的概念最早在1995年由澳大利亚麦考瑞大学的马克·威尔金斯团队率先提出，其含义为由一个生物系统所表达或产生的所有蛋白质的组合。1997年瑞士苏黎世联邦理工大学彼得·詹姆斯在 *Quarterly Reviews of Biophysics* 期刊上撰文论述蛋白质鉴定技术，并提出了蛋白质组学（proteomics）的概念。蛋白质组学从整体水平上研究生物体、器官、组织或细胞内所有蛋白质的结构、种类、功能和性质以及变化规律。蛋白质组学的技术起源于20世纪50年代的Edman降解蛋白质测序技术。80年代末兴起的质谱领域新型离子化模式，以及1994年蛋白质数据库鉴定搜索算法的确立，为蛋白质组学的现代化发展奠定了重要的理论和技术基础。当今蛋白质质谱仪是蛋白质组学研究的核心工具设备。

根据研究方法的定量程度，可以分为定性蛋白质组学和定量蛋白质组学两大类。定性蛋白质组学用定性的方式研究细胞、组织、器官和生物体的蛋白质组成；定量蛋白质组学则用定量方式，诸如非放射性同位素标记的方式，以及无标记（Label - free）方式测定细胞、组织、器官和生物体的蛋白质表达含量。

【实验材料】

1. 实验设备与仪器　双能量X射线吸收仪、功率自行车、Bergström针、研钵、thermomixer（Eppendorf）、超声仪、磁力架、苯乙烯-二乙烯基苯共聚物（styrenedivinylbenzene）反向柱、Evotip C18 trap柱（Evosep Biosystem）、高pH反

向层析柱、高效液相色谱-质谱联用仪。

2. 实验试剂与耗材　利多卡因，液氮，SDS 缓冲液（100 mmol/L Tris－HCl，pH 8.5，1% SDS），Benzonase，DC assay 试剂盒（Thermo Fisher Scientific），二硫苏糖醇（dithiothreitol），磁珠，乙腈，70%乙醇溶液，消化缓冲液（digestion buffer，50 mmol/L tris－HCl，pH 8.5），蛋白酶 LysC（Wako），胰蛋白酶 trypsin，1%三氟乙酸/异丙醇混合液，1.25%氨水+80%乙腈混合液，0.1%三氟乙酸+5%乙腈，异丙醇，0.1%甲酸/乙腈，0.1%甲酸等。

【实验步骤】

以下是对 2 型糖尿病患者在运动干预前后白色脂肪组织的蛋白质组学研究流程，目的是鉴定运动调控的差异性蛋白质，为阐述其在运动改善糖尿病代谢紊乱中的机制打下基础。该实验流程基于 Larsen 等的工作（doi：10.1126/sciadv.adi7548.）。

1. 2 型糖尿病患者的招募，体成分分析和运动干预　48 名中年，无运动习惯的男性被招募进入该测试。根据其代谢情况分为三组：第 1 组为既肥胖又患有 2 型糖尿病患者，共有 15 人，以上人员除了服用降血压药和降血脂药之外，只服用以下治疗糖尿病的药物：二甲双胍、DPP4 或硫脲类似物；第 2 组为糖耐量正常的肥胖男性，共有 15 人；第 3 组为正常体重和糖耐量男性，共有 18 人。

以上 3 组人员进行体成分、糖耐量和最大摄氧量测试。运动干预方案为高强度间歇训练法（High-intensity interval training，HIIT），持续时间为 8 周。绝大多数时间在下午进行干预。每一组 HIIT 训练由以下部分组成：10 min 准备活动；5×1 min HIIT 训练，心率控制在 86%～88%最大心率值，运动内容为划船或功率自行车；1 min 整理活动。训练强度随着时间的推移不断增加。

2. 2 型糖尿病患者白色脂肪组织蛋白质组的提取、分离纯化和蛋白衍生化

（1）8 周运动干预后，对受试者的腹部区域注射利多卡因局部麻醉，并使用 Bergström 针采取腹部脂肪组织少许。去除血液和结缔组织，迅速将脂肪组织样本冻存于液氮中保存。

（2）使用组织研钵将脂肪样本研成粉末状，加入 SDS 缓冲液（100 mmol/L Tris－HCl，pH 8.5，1% SDS）混匀。混合液在 ThermoMixer 上以 95 ℃，以 1 000 r/min 的转速混匀 10 min。

（3）混合液使用台式超声仪超声溶解 30 s，条件为 50%最大振幅，超声 1 s，静置 1 s。

（4）在混合液中加入 25 U Benzonase 核酸酶降解细胞内核酸，混合液在 ThermoMixer 上以 37 ℃，以1 000 r/min 转速混匀 30 min。

（5）混合液在 16 000g 离心转速下离心 10 min，转移上清液至新离心管中，使用 DC assay 试剂盒（Thermo Fisher Scientific）测定蛋白质浓度。

（6）取出 40 μg 蛋白质于新离心管中，依次加入终浓度 10 mmol/L 二硫苏糖醇（dithiothreitol）还原蛋白质；加入终浓度 40 mmol/L 氯代乙酰胺（chloroacetamide）使还原的半胱氨酸残基的巯基发生烷基化反应。蛋白质混合液置于室温放置 45 min。

（7）蛋白质混合液使用改良版的 96 孔板蛋白质聚集捕获技术（PAC）操作规程进行蛋白质酶切反应。将蛋白质混合液与磁珠以 1∶4（v/v）比例混合，在混合液中加入乙腈使其终浓度为 70%（v/v），并在室温静置 10 min。乙腈使蛋白质变性而产生聚集，蛋白质聚集物被磁珠吸附。

（8）将样品管置于磁力架之上静置使磁珠沉降，使用纯乙腈洗涤磁珠，沉降后弃去上清，重复一次洗涤磁珠。使用 70%乙醇溶液洗涤磁珠二次，弃去上清。

（9）将磁珠用 50 μL 消化缓冲液（50 mmol/L tris－HCl，pH 8.5）重悬，以酶∶蛋白＝1∶500 的比例加入蛋白酶 LysC（Wako），置于 ThermoMixer 上以 40 ℃条件混匀 60 min，使蛋白质酶解。

（10）在蛋白质混合液中以酶∶蛋白质＝1∶100 的比例加入胰蛋白酶，37 ℃条件下酶切过夜。

（11）在蛋白质混合液中加入 1%三氟乙酸/异丙醇混合液淬灭反应，产生的肽段使用苯乙烯-二乙烯基苯（styrene-divinylbenzene）共聚物反向柱除盐。使用 1.25%氨水+80%乙腈混合液洗脱酶切肽段。溶液干燥后，以 0.1%三氟乙酸+5%乙腈重新溶解肽段。准备进行质谱分析。

3. 蛋白质质谱测定白色脂肪组织蛋白质含量

（1）将 200 ng 肽段溶液加入至 Evotip C18 trap 柱（Evosep Biosystem）中，该柱使用异丙醇湿润，随后使用 0.1%甲酸/乙腈活化，并用 0.1%甲酸平衡。肽段溶液和 Evotip C18 trap 柱在 1 000g 离心 2 min。

（2）Evotip C18 trap 柱用 0.1%甲酸洗涤，加入 200 μL 0.1%甲酸备用。

（3）20 μg 肽段使用高 pH 反向层析柱分离成为 98 个组分，合并成 24 个组分。分离条件为：Kinetex 2.6 μm EVO C18 100 Å，150×0.3 mm 层析柱（Phenomenex 公司制造），操作系统为 EASY－nLC 1200 System（Thermo Fisher

Scientific），流速 1.5 μL/min。流动相为 62 步梯度：3%～60% B 溶液（10 mmol/L 三乙基碳酸氢铵/80%乙腈）和 A 溶液（10 mmol/L 三乙基碳酸氢铵水溶液）洗脱肽段。

（4）肽段使用液相色谱 Evosep One LC system（Evosep Biosystems）和 Orbitrap Exploris 480 质谱仪（Thermo Fisher Scientific）联用进行分析。将质谱结果与已知数据库进行比对，使用 FragPipe software 软件的 DIA－NN v1.8.2（beta）workflow 工作流鉴定蛋白质。

【计算】

1. *差异性蛋白质组学分析*　蛋白质组学数据文献使用 R 语言（版本 v.4.2.1）进行分析。蛋白质信号强度数值转换成 log2 对数进行展示。数据正态分布通过作直方图（又称质量分布图）和 Q－Q 图（分位数-分位数图，Quantile－Quantile Plot）进行检验，剔除明显不符合正态分布的数据点。对数据进行主成分分析（Principal Component Analysis，PCA），并用 duplicateCorrelation function 函数（Limma 公司开发）分析三组人群在进行 HIIT 运动干预后差异性表达的蛋白质。显著性 *P* 值用 Benjamini－Hochberg（BH）方法进行调整，显著性水平设定为 10% FDR。

2. *基因集富集分析*（gene set enrichment analysis，GSEA）

（1）使用 R package ClusterProfiler 软件包进行基因集富集分析（GSEA），在不同组之间差异表达的蛋白质 logFC 数值按照从大至小进行排列，使用 org.Hs.eg.db 软件（下载网址和教程为 https://bioconductor.org/packages/release/data/annotation/html/org.Hs.eg.db.html）检索基因本体（Gene Ontology，GO）。

（2）整体白色脂肪组织蛋白质组作为背景，排列数设定为 10 000。显著性 *P* 值用 Benjamini－Hochberg（BH）方法进行调整，显著性水平设定为 10% FDR。

【注意事项】

（1）组织、血清或血浆样本应尽快从人体或动物中分离，并加入蛋白酶抑制剂，防止蛋白质降解。暂时不用可以储存于－80 ℃。

（2）操作组织和细胞样本时需在低温下进行。

（3）根据实验需要选择定性或者定量蛋白质组学研究方法。

【应用】

研究表明，运动会显著改变人体蛋白质的结构、功能和数量，进而调控人体生理机能变化。其突出表现为蛋白质的结构发生修饰变化，从最基本的信号通路分子的磷酸化水平到翻译后修饰的动态调控等等。人体运动后骨骼肌、肝脏等脏器会分泌多肽和蛋白质进入血液循环通过与特异性受体结合，调控大脑、肝脏、肌肉、脂肪组织等组织器官的功能稳态，介导运动对身体的益处。

思考题

（1）叙述蛋白质组学的技术原理和分类。

（2）叙述蛋白质组学分析的流程。

（王一兵）

第八章

研究设计性实验

【本章提要】

本部分主要介绍研究设计性实验的开展,要求在学习和掌握了前期实验技术的基础上,综合应用所学理论知识和实验技术,提出科学问题,设计实验,得到预期研究结果。

【学习目标】

理解开展研究设计性实验的流程,初步培养学生独立开展科学研究工作的能力。

研究设计Ⅰ　运动训练的综合评定

一、研究目的

(1) 综合应用所学运动生化和分子生物学知识,设计综合评定运动训练的实验方案。

(2) 通过实验设计,提高学生分析问题、解决问题的能力。

二、研究要求

运用两个以上的生化或分子生物学指标,设计实验方案并探讨下列运动训练中的实际问题(运动项目、运动方案不限):

(1) 评定运动员的身体机能状况。

(2) 评定一次或周期性训练课的负荷安排。

（3）评定训练的运动强度。

（4）评定运动训练后的恢复情况。

（5）评定运动员的损伤情况。

研究设计Ⅱ　运动健身的综合评定

一、研究目的

（1）综合应用所学运动生化和分子生物学知识，设计综合评定运动健身效果的实验方案。

（2）通过实验设计，提高学生分析问题、解决问题的能力。

二、研究要求

运用两个以上的生化或分子生物学指标，进行运动健身的综合评定，包括但不仅限于：

（1）运动健身的训练效果。

（2）运动健身的慢病防治。

（3）运动健身的身心改善。

实验设计方案中运动人群、运动健身形式不限；动物实验或人群实验不限。

研究设计Ⅲ　研究课题的申报

一、研究目的

通过自主选题和实验设计，完成研究课题申报书的撰写，初步培养学生独立开展科学研究工作的能力，同时培养学生的创新能力。

二、研究要求

（1）选题：由学生查阅文献，了解国内外研究现状，完成选题。

（2）撰写：根据课题申报书的要求，撰写研究的目的和意义、国内外研究现状、研究方法、预期结果、阶段进度计划、经费预算等，申报课题。

（3）申报与答辩：进行口头汇报，进行申报答辩。

三、其他

（1）研究性实验的目的是让学生了解开展科学研究工作的过程，初步培养学生开展科学研究工作的能力。因此，选题宜小而精，不宜过大和过于复杂，以解决问题为导向。

（2）课题的申报以团队为单位，学生自由组合，以培养学生团队协作的精神。

附 录

附录1 《研究性实验申报书》(供参考)

编号：

研究性实验

申

报

书

课题名称：______________________________

申 请 人：______________________________

所 在 系：______________________________

申请日期：______________________________

一、基本情况

<table>
<tr><td rowspan="6">申请者</td><td>姓　名</td><td></td><td>性　别</td><td></td><td>学　号</td><td></td></tr>
<tr><td>所在院系</td><td></td><td>专　业</td><td colspan="3"></td></tr>
<tr><td>联系电话</td><td colspan="2"></td><td>手　机</td><td colspan="2"></td></tr>
<tr><td>信　箱</td><td colspan="2"></td><td>电子邮箱</td><td colspan="2"></td></tr>
<tr><td colspan="6">个人主要简历</td></tr>
<tr><td colspan="6"></td></tr>
<tr><td rowspan="3">研究项目</td><td>课题名称</td><td colspan="5"></td></tr>
<tr><td>研究类别</td><td colspan="5">基础研究( )　应用研究( )　开发研究( )</td></tr>
<tr><td>申请金额</td><td></td><td>起止年月</td><td colspan="3"></td></tr>
<tr><td rowspan="6">项目组主要成员</td><td>姓　名</td><td>性　别</td><td>专　业</td><td>电　话</td><td>电子邮箱</td><td>项目中分工</td></tr>
<tr><td></td><td></td><td></td><td></td><td></td><td></td></tr>
<tr><td></td><td></td><td></td><td></td><td></td><td></td></tr>
<tr><td></td><td></td><td></td><td></td><td></td><td></td></tr>
<tr><td></td><td></td><td></td><td></td><td></td><td></td></tr>
<tr><td></td><td></td><td></td><td></td><td></td><td></td></tr>
</table>

二、研究目的和意义

三、研究内容、方法和预期结果

四、阶段进度计划

内 容 指 标	阶段进度和起止日期	备 注

五、经费预算

支 出 科 目	金额(元)	计算根据及理由

六、主要措施(实验规模、经费概算、主要仪器型号数量等)

附录2　常用计量单位

	名 称	符 号	换算法
长度单位	米	m	1
	分米	dm	10
	厘米	cm	10^2
	毫米	mm	10^3
	微米	μm	10^6
	纳米	nm	10^9
	皮米	pm	10^{12}
体积单位	升	L	1
	分升	dL	10
	厘升	cL	10^2
	毫升	mL	10^3
	微升	μL	10^6
重量单位	千克	kg	1
	克	g	10^3
	分克	dg	10^4
	厘克	cg	10^5
	毫克	mg	10^6
	微克	μg	10^9
	皮克	pg	10^{15}

续 表

	名 称	符 号	换算法
物质的量	摩尔	mol	1
	毫摩尔	mmol	10^3
	微摩尔	μmol	10^6
	纳摩尔	nmol	10^9
	皮摩尔	pmol	10^{12}

附录3 化学试剂的分类及取用

化学试剂又叫化学药品，简称试剂，它是工农业生产、文教卫生、科学研究以及国防建设等多方面进行化验分析的重要药剂。化学试剂是指具有一定纯度标准的各种单质和化合物(也可以是混合物)。要进行任何实验都离不了试剂，试剂不仅有各种状态，而且不同的试剂其性能差异很大。有的常温非常稳定，有的却十分活泼；有的受高温也不会变质，有的却易燃易爆；有的气味浓烈，有的具有剧毒。只有对化学试剂的相关知识深入了解，才能安全、顺利地进行各项实验。既可保证达到预期实验目的，又可避免对环境造成污染。因此，首先要知道试剂分类情况，然后才能掌握各类试剂的存放和使用。化学试剂的分类方法较多，如按照状态可分为固体试剂、液体试剂。按照用途可分为通用试剂、专用试剂。按照类别可分为无机试剂、有机试剂。按照性能可分为危险试剂、非危险试剂等。

一、化学试剂分类

(一) 无机试剂和有机试剂

这种分类方法与化学的物质分类一致，既便于识别、记忆，又便于贮存、取用。无机试剂按单质、氧化物、碱、酸、盐分出大类后，再根据性质进行分类；有机试剂则按烃类、烃的衍生物、糖类、蛋白质、高分子化合物、指示剂等进行分类。

（二）危险试剂和非危险试剂

这种分类方法既注意到实用性，更考虑到试剂的特征性质。因此，既便于安全存放，也便于实验工作者在使用时遵守安全操作规则。

1. 危险试剂的分类　根据危险试剂的性质和贮存要求又分为：

（1）易燃试剂：这类试剂指在空气中能够自燃或遇其他物质容易引起燃烧的化学物质，根据存在状态或引起燃烧的原因不同常可分为：① 易自燃试剂：如黄磷等。② 遇水燃烧试剂：如钾、钠、碳化钙等。③ 易燃液体试剂：如苯、汽油、乙醚等。④ 易燃固体试剂，如硫、红磷、铝粉等。

（2）易爆试剂：指受外力作用发生剧烈化学反应而引起燃烧爆炸，同时能放出大量有害气体的化学物质，如氯酸钾等。

（3）毒害性试剂：指对人或生物以及环境有强烈毒害性的化学物质，如溴、甲醇、汞、三氧化二砷等。

（4）氧化性试剂：指对其他物质能起氧化作用而自身被还原的物质，如过氧化钠、高锰酸钾、重铬酸铵、硝酸铵等。

（5）腐蚀性试剂：指具有强烈腐蚀性，对人体和其他物品能因腐蚀作用发生破坏现象，甚至引起燃烧、爆炸或伤亡的化学物质，如强酸、强碱、无水氯化铝、甲醛、苯酚、过氧化氢等。

2. 非危险试剂的分类　根据非危险试剂的性质与储存要求可分为：

（1）遇光易变质的试剂：指受紫外光线的影响，易引起试剂本身分解变质，或促使试剂与空气中的成分发生化学变化的物质。如硝酸、硝酸银、硫化铵、硫酸亚铁等。

（2）遇热易变质的试剂：这类试剂多为生物制品及不稳定的物质，在高气温中就可发生分解、发霉、发酵作用，有的常温也如此。如硝酸铵、碳铵、琼脂等。

（3）易冻结试剂：这类试剂的熔点或凝固点都在气温变化以内，当气温高于其熔点，或下降到凝固点以下时，试剂由于熔化或凝固而发生体积的膨胀或收缩，易造成试剂瓶的炸裂。如冰醋酸、晶体硫酸钠、晶体碘酸钠以及溴的水溶液等。

（4）易风化试剂：这类试剂本身含有一定比例的结晶水，通常为晶体。常温时在干燥的空气中（一般相对湿度在 70% 以下）可逐渐失去部分或全部结晶水而有的变成粉末，使用时不易掌握其含量。如结晶碳酸钠、结晶硫酸铝、结晶硫酸镁、胆矾、明矾等。

（5）易潮解试剂：这类试剂易吸收空气中的潮气（水分）产生潮解、变质，外形改变，含量降低甚至发生霉变等。如氯化铁、无水乙酸钠、甲基橙、琼脂、还原铁粉、铝银粉等。

二、化学试剂的等级标准

按照所含杂质的多少化学试剂可分为不同的级别，以适应不同的需求。为了在同种试剂的多种不同级别中迅速选用所需试剂，还规定不同级别的试剂用不同颜色的标签印制。我国目前试剂的规格一般分为5个级别，级别序号越小，试剂纯度越高。

一级纯：用于精密化学分析和科研工作，又叫保证试剂，符号为GR，标签为绿色。

二级纯：用于分析实验和研究工作，又叫分析纯试剂。符号为AR，标签为红色。

三级纯：用于化学实验，又叫化学纯试剂。符号为GP，标签为蓝色。

四级纯：用于一般化学实验，又叫实验试剂。符号为LR，标签为黄色。

工业纯：工业产品，也可用于一般的化学实验。符号为TP。

但近年来，标签的颜色对应试剂级别已不是十分准确。所以主要应以标签印示的级别和符号加以选用。同一种试剂，纯度不同其规格不同，价格相差很大。所以必须根据实验要求，选择适当规格的试剂，做到既保证实验效果，又防止浪费。

三、化学试剂的取用

实验室中一般只贮存固体试剂和液体试剂，气体试剂都是需用时临时制备。在取用和使用任何化学试剂时，首先要做到“三不”，即：不用手拿、不直接闻气味、不尝味道。此外，还应注意试剂瓶塞或瓶盖打开后要倒置于洁净台面，取用试剂后立即还原塞紧。否则会污染试剂，使其变质，甚至可能引起意外事故。

（一）固体试剂的取用

粉（末）状试剂或粒状试剂一般用药匙取用。药匙有动物角匙、也有塑料药匙，且有大小之分。用量较多且容器口径又大者，可选大号药匙；用量较少或容器口径又小者，可选用小号药匙，并尽量送入容器底部。特别是粉（末）状试剂容易散落，或沾在容器口和壁上。可将其倒在折成的槽形纸条上，再将容器平置，使纸槽沿器壁伸入底部、竖起容器并轻抖纸槽，试剂便落入容器底部。

块状固体用镊子，送入容器时，务必先使容器倾斜，使之沿器壁慢慢滑入器底。若实验中无规定剂量时，所取试剂量以刚好能覆盖试管底部为宜。取多了的试剂不能放回原瓶，也不能丢弃，应放在指定容器中供他人或下次使用。取用试剂的镊子或药匙务必擦拭干净，更不能一匙多用。用后也应擦拭干净，不留残物。

（二）液体试剂的取用

用少量液体试剂时，常使用胶头滴管吸取。用量较多时则采用倾泻法。从细口瓶中将液体倾入容器时，将试剂瓶上贴有标签的一面握在手心，另一手将容器斜持、并使瓶口与容器口相接触，逐渐倾斜试剂瓶，倒出试剂。试剂应该沿着容器壁流入容器，或沿着洁净的玻璃棒将液体试剂引流入细口或平底容器内。取出所需量后，逐渐竖起试剂瓶，把瓶口剩余的液滴流入容器中去，以免液滴沿着试剂瓶外壁流下。

若实验中无规定剂量时，一般取用 1～2 mL。定量使用时，则可根据要求选用量筒、滴定管或移液管。取多的试剂也不能倒回原瓶，更不能随意废弃。应倒入指定容器内供他人使用。若取用有毒试剂时，必须在教师指导下进行，或严格遵照规则取用。

四、易变质及需要特殊方法保存的试剂

注意事项		试剂名称举例
需要密封	易潮解吸湿	氧化钙、氢氧化钠、氢氧化钾、碘化钾、三氯乙酸
	易失水风化	结晶硫酸钠、硫酸亚铁、含水磷酸氢二钠、硫代硫酸钠
	易挥发	氨水、氯仿、醚、碘、麝香草酚、甲醛、乙醇、丙酮
	易吸收 CO_2	氢氧化钾、氢氧化钠

续表

注意事项		试剂名称举例
需要密封	易氧化	硫酸亚铁、醚、醛类、酚、抗坏血酸和一切还原剂
	易变质	丙酮酸钠、乙醚和许多生物制品(常需冷藏)
需要避光	见光变色	硝酸银(变黑)、酚(变淡红)、氯仿(产生光气)、茚三酮(变淡红)
	见光分解	过氧化氢、氯仿、漂白粉、氢氰酸
	见光氧化	乙醚、醛类、亚铁盐和一切还原剂
特殊方法保管	易爆炸	苦味酸、硝酸盐类、过氯酸、叠氮化钠
	剧毒	氰化钾(钠)、汞、砷化物、溴
	易燃	乙醚、甲醇、乙醇、丙醇、苯、甲苯、二甲苯、汽油
	腐蚀	强酸、强碱

需要密封的化学试剂,可以先加塞塞紧,然后再用蜡封口。有的平时还需要保存在干燥器内,干燥剂可以用生石灰、无水氯化钙和硅胶,一般不宜用硫酸。需要避光保存的试剂,可置于棕色的瓶内或用黑纸包装。

附录 4　常用试剂及缓冲液的配制

一、1 mol/L Tris－HCl(pH 7.4,7.6,8.0)

【组分浓度】 1 mol/L Tris－HCl。

【配制量】 1 L。

【配制方法】

(1) 称量 121.1 g Tris 置于 1 L 烧杯中。

(2) 加入的 800 mL 的去离子水,充分搅拌溶解。

(3) 按下加入浓盐酸调节所需要的 pH。

pH	浓 HCl
7.4	约 70 mL
7.6	约 60 mL
8.0	约 42 mL

（4）将溶液定容至 1 L。

（5）高温高压灭菌后，室温保存。

【注意事项】

应使溶液冷却至室温后再调定 pH，因为 Tris 溶液的 pH 随温度的变化差异很大，温度每升高 1 ℃。溶液的 pH 大约降低 0.03 个单位。

二、1.5 mol/L Tris－HCl（pH 8.8）

【组分浓度】 1.5 mol/L Tris－HCl。

【配制量】 1 L。

【配制方法】

（1）称量 181.7 g Tris 置于 1 L 烧杯中。

（2）加入约 800 mL 的去离子水，充分搅拌溶解。

（3）用浓盐酸调节 pH 至 8.8。

（4）将溶液定容至 1 L。

（5）高温高压灭菌后，室温保存。

【注意事项】 应使溶液冷却至室温后再调定 pH，因为 Tis 溶液的 pH 随温度的变化差异很大，温度每升高 1 ℃，溶液的 pH 大约降低 0.03 个单位。

三、3 mol/L 醋酸钠（pH 5.2）

【组分浓度】 3 mol/L 醋酸钠。

【配制量】 100 mL。

【配制方法】

（1）称量 40.8 g $NaAc \cdot 3H_2O$ 置于 100~200 mL 烧杯中，加入约 40 mL 的去离子水搅拌溶解。

（2）加入冰醋酸调节 pH 至 5.2。

（3）加去离子水将溶液定容至 100 mL。

（4）高温高压灭菌后，室温保存。

四、PBS 缓冲液

【组分浓度】 137 mmol/L NaCl，2.7 mmol/L KCl，10 mmol/L Na_2HPO_4，2 mmol/L KH_2PO_4。

【配制量】 1 L。

【配制方法】

（1）称量下列试剂，置于 1 L 烧杯中。

NaCl	8 g
KCl	0.2 g
Na_2HPO_4	1.42 g
KH_2PO_4	0.27 g

（2）向烧杯中加入约 800 mL 的去离子水，充分搅拌溶解。

（3）滴加浓盐酸将 pH 调节至 7.4，然后加入去离子水将溶液定容至 1 L。

（4）高温高压灭菌后，室温保存。

【注意事项】 上述 PBS 缓冲液中无二价阳离子，如需要，可在配方中补充 1 mmol/L $CaCl_2$ 和 0.5 mmol/L $MgCl_2$。

五、5 mol/L NaCl

【组分浓度】 5 mol/L NaCl。

【配制量】 1 L。

【配制方法】

（1）称取 292.2 g NaCl 置于 1 L 烧杯中，加入约 800 mL 去离子水后搅拌溶解。

（2）加去离子水将溶液定容至 1 L 后，适量分成小份。

（3）高温高压灭菌后，4 ℃保存。

六、2.5 mol/L HCl

【组分浓度】 2.5 mol/L HCl。

【配制量】100 mL。

【配制方法】

（1）在 78.4 mL 的去离子水中加入 21.6 mL 浓盐酸（11.6 mol/L），均匀混合。

（2）室温保存。

七、2 mol/L NaOH

【组分浓度】2 mol/L NaOH。

【配制量】100 mL。

【配制方法】

（1）量取 80 mL 去离子水置于 100～200 mL 塑料烧杯中（NaOH 溶解过程中大量放热，有可能使玻璃烧杯炸裂）。

（2）称取 8 g NaOH 小心地逐渐加入烧杯中，边加边搅拌。

（3）待 NaOH 完全溶解后，用去离子水将溶液定容至 100 mL。

（4）将溶液转移至塑料容器中后，室温保存。

主要参考文献

[1] 方向东,胡松年,等.转录组学与精准医学[M].上海:上海交通大学出版社,2017.

[2] 黄开胜.清华大学实验室安全管理制度汇编[M].北京:清华大学出版社,2019.

[3] 黄开胜.清华大学实验室安全手册[M].北京:清华大学出版社,2018.

[4] 贾伟.代谢组学与精准医学[M].上海:上海交通大学出版社,2017.

[5] 钱小红.蛋白质组学与精准医学[M].上海:上海交通大学出版社,2017.

[6] 秦静.危险化学品和化学实验室安全教育读本[M].北京:化学工业出版社,2018.

[7] 王乐乐,闻艳丽,李兰英,等.质粒 DNA 构型分离和分析方法研究进展[J].化学试剂,2021,43(11):1509-1517.

[8] 王汝雯.低氧结合运动训练对非酒精性脂肪肝小鼠肝脏脂代谢的作用及机制研究[D].上海:上海体育大学,2023.

[9] 中华人民共和国全国人民代表大会.中华人民共和国生物安全法[Z],2024.

[10] 朱莉娜,孙晓志,弓保津,等.高校实验室安全基础[M].天津:天津大学出版社,2014.

[11] Edman P. Method for Determination of the Amino Acid Sequence in Peptides [J]. Acta Chem Scand, 1950(4): 282-283.

[12] Hu B, Zou Y, Zhang L L, et al. Nucleofection with plasmid DNA for CRISPR/Cas9-mediated inactivation of programmed cell death protein 1 in CD133-specific CAR T cells [J]. Human Gene Therapy, 2019, 30(4): 446-458.

[13] James, Peter. Protein identification in the post-genome era: the rapid rise of proteomics [J]. Quarterly Reviews of Biophysics, 1997, 30(4): 279-331.

[14] Jimmy K Eng, Ashley L McCormack, John R Yates. An approach to correlate

tandem mass spectral data of peptides with amino acid sequences in a protein database [J]. J Am Soc Mass Spectrom, 1994, 5(11): 976-989.

[15] Larsen J K, Kruse R, Sahebekhtiari N, et al. High-throughput proteomics uncovers exercise training and type 2 diabetes-induced changes in human white adipose tissue [J]. Science Advances, 2023, 9(48): 16.

[16] Mann M, Wilm M. Error-tolerant identification of peptides in sequence databases by peptide sequence tags [J]. Analytical Chemistry, 1994, 66(24): 4390-4399.

[17] Picelli S, Björklund Å K, Reinius B, et al. Tn5 transposase and tagmentation procedures for massively scaled sequencing projects [J]. Genome Research, 2014, 24(12): 2033-2040.

[18] Uchida S, Kataoka K. Design concepts of polyplex micelles for in vivo therapeutic delivery of plasmid DNA and messenger RNA [J]. Journal of Biomedical Materials Research Part A, 2019, 107(5): 978-990.

[19] Veronica L Li, Yang He, Kévin Contrepois, et al. An exercise-inducible metabolite that suppresses feeding and obesity. Nature, 2022, 606: 785-790.

[20] Wasinger V C, Cordwell S J, Cerpa-Poljak A, et al. Progress with gene-product mapping of the mollicutes: Mycoplasma genitalium [J]. Electrophoresis, 1995, 16(1): 1090-1094.

[21] Zurine De Miguel, Nathalie Khoury, Michael J Betley, et al. Exercise plasma boosts memory and dampens brain inflammation via clusterin [J]. Nature, 2021, 600(7889): 494-499.

